DRIAULT - RANDOUX - BIZEAU

COURS COMPLET DE

GÉOGRAPHIE

Cours élémentaire

LAROUSSE

PARIS

# AVANT-PROPOS

Cet ouvrage présente :

- **des Leçons simples et variées.** — Elles s'enchaînent et se complètent mutuellement ; elles ont pour but d'initier à la géographie générale, mais elles se rattachent aussi par les cartes, les lectures, les questions, à la géographie de la France qui fournit ainsi les exemples nécessaires. « Elles seront d'abord des leçons de choses. » *(Instructions du 23 Février 1923.)*

- **des Résumés précis.** — Ils laisseront dans la mémoire les notions essentielles, et constitueront un fonds solide d'éducation géographique.

- **des Lectures attrayantes.** — Elles portent sur les faits principaux de la leçon et la complètent par des détails qui éclairent l'esprit et frappent l'imagination.

- **des Cartes claires.** — Elles sont faciles à reproduire d'après notre méthode. Elles indiquent seulement les lignes et les noms dont la connaissance importe. *(Instructions du 23 Février 1923.)*

- **des Questions intéressantes.** — Elles obligent à consulter la carte et à en faire, dans l'étude de la géographie, une collaboratrice indispensable et constante. Elles entraînent l'enfant à l'effort personnel.

# Cours complet

de

# GÉOGRAPHIE

par

**Édouard DRIAULT**

Agrégé de l'Université, Professeur à
l'École normale supérieure de Saint-Cloud

**Maurice RANDOUX**

Professeur d'École
primaire supérieure

**Maurice BIZEAU**

Instituteur

## Cours élémentaire

*Conforme aux programmes de 1923*

LIBRAIRIE LAROUSSE, 13-17, rue Montparnasse, PARIS

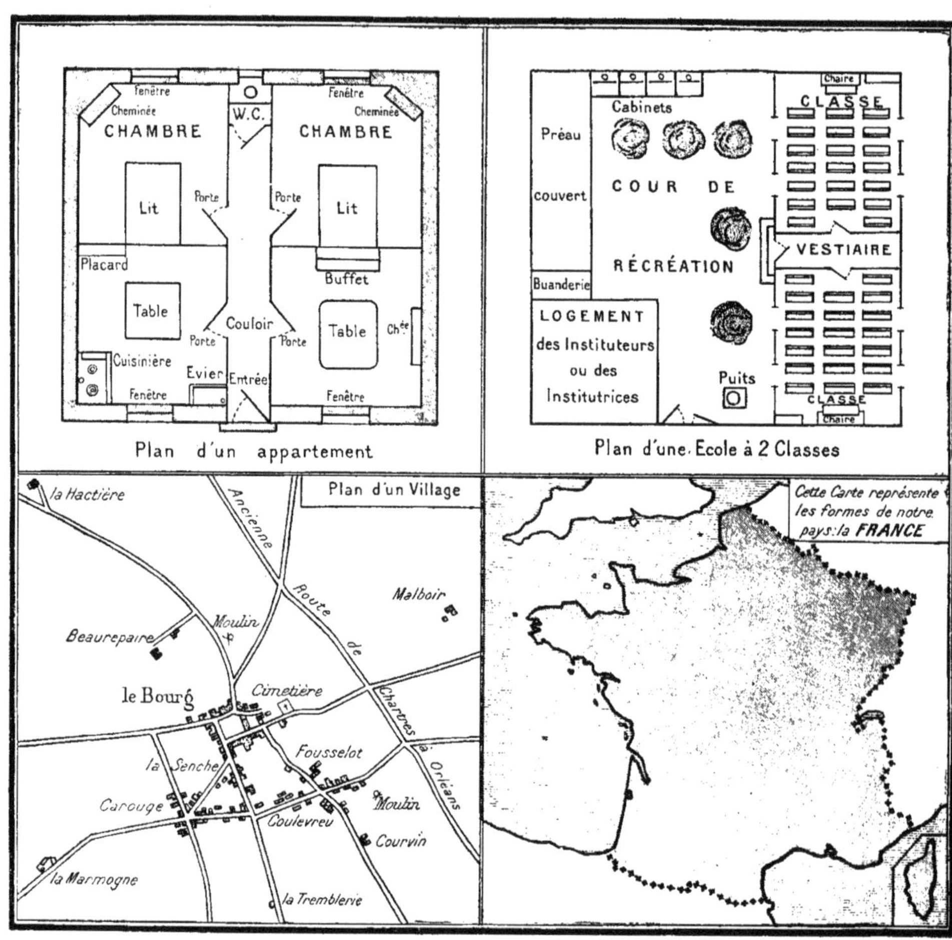



EXERCICES. — *1. Tracez le plan de l'appartement qu'habitent vos parents. — Tracez le plan de la salle de classe où vous êtes. — Tracez le plan du groupe scolaire dont cette salle fait partie. — 2. Si vous habitez la campagne, tracez le plan du village où se trouve votre école. — 3. Si vous habitez une ville, tracez la suite des rues que vous prenez pour aller en classe et marquez l'emplacement des principaux monuments et édifices que vous rencontrez. (V. exemples de plans p. 34.)*

LECTURES. — **La leçon de géographie.** — Le bon écolier, qui apprend la géographie, ne se contente pas de lire le texte des leçons, d'apprendre les résumés, de répondre aux questions posées ; il interroge les cartes constamment ; il leur demande où se trouve telle ville, telle rivière, telle montagne dont il doit retenir le nom. Il obtient aussitôt la réponse qu'il désire, car les cartes sont obligeantes et toujours prêtes à rendre le service qui leur est demandé. Il prend ensuite ses crayons ; il trace sur une feuille de papier blanc les lignes qu'il a sous les yeux, puis il écrit ce qu'elles représentent. Il ferme ensuite son livre et fait cette carte de mémoire. Il a ainsi bien travaillé.

**Il y a bien longtemps.** — Il y a bien longtemps la Terre n'était qu'une immense masse de feu, comme ce lointain soleil dont vous sentez si fort la chaleur pendant les jours d'été. Puis, lentement, les matières en fusion se sont refroidies ; elles ont formé des roches. Les unes, très dures, ont résisté ; les autres se sont effritées, décomposées sous l'action de l'eau des grandes pluies : elles ont formé du sable, de l'argile, du calcaire. — Et que d'autres changements encore ! Les mers ont peut-être recouvert autrefois l'emplacement de votre village ou de votre ville : n'avez-vous pas trouvé en creusant le sol de petits coquillages blancs ?

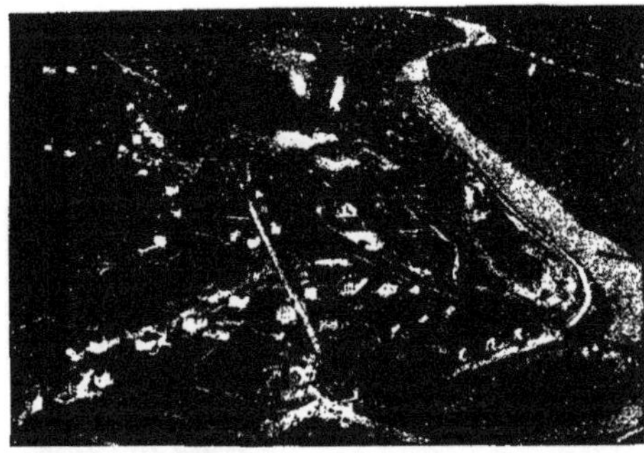

*Cette photographie a été prise de très haut à bord d'un avion. Avec un morceau de papier calque, tracez vous-même le plan de ce coin de France. Pour cela, suivez avec un crayon les grandes lignes qui marquent les routes bordées de maisons, les rivières que des ponts traversent, les voies de chemin de fer, etc.*

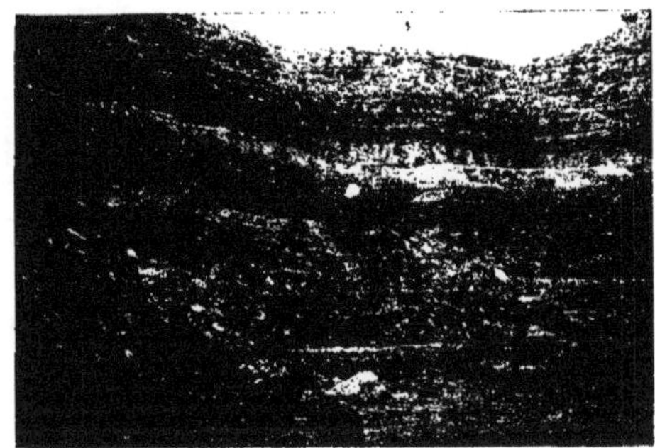

*Voyez sur cette gravure différentes couches de terre disposées régulièrement les unes sur les autres. Leur couleur blanche indique que ces couches sont presque toutes formées de calcaire. Il existe d'ailleurs une grande variété de terrains calcaires différents par leur dureté, leur perméabilité, etc.*

## Un dessin exact.

Vous désirez donner à l'un de vos camarades une idée de l'appartement qu'habite votre famille. Pour bien le renseigner, ne lui dites pas seulement : nous avons une cuisine, une salle à manger, deux chambres.

Mais prenez une feuille de papier et un crayon : *dessinez la forme du plancher de la cuisine, de la salle à manger, des chambres, dans la position que les pièces occupent les unes par rapport aux autres. N'oubliez pas le couloir, l'escalier, les portes. Mesurez* avec un mètre la longueur et la largeur de chacune des pièces : indiquez ces dimensions sur votre dessin. Si vous avez un jardin, représentez-le également avec ses allées, ses carrés de légumes, etc. *Le dessin que vous aurez ainsi tracé sera un* **plan**.

Vous pourriez de la même façon indiquer la forme du terrain occupé par tout ce qui environne votre habitation (routes, rivières, lisières des bois et des champs, maisons du village) : *vous feriez une* **carte**. Mais cette carte n'aurait pas grande valeur parce qu'elle ne serait pas *exacte*. Il faut de longs travaux, de nombreux calculs pour représenter d'une façon précise sur une petite feuille de papier tous les détails importants de la surface du sol.

Si l'on figure par un trait de *1 centimètre* la route que vous suivez pour aller à l'école et qui a, par exemple, *800 mètres*, il faudra sur la même carte indiquer par un trait de *2 centimètres* un chemin long de *1.600 mètres*, etc. Toutes les lignes se trouvent ainsi réduites de la même façon et les renseignements donnés par une carte bien faite permettent de trouver à l'aide d'un simple calcul les dimensions réelles de la surface représentée.

Les cartes ne servent pas seulement à l'écolier qui apprend la géographie ; elles permettent aux voyageurs, aux aviateurs, aux marins de suivre leur chemin sans erreur.

## Un trou profond.

Avez-vous déjà fait un trou profond ? Avez-vous vu des ouvriers creuser les caves d'une maison ? Si oui, vous avez remarqué certainement que la terre n'a pas *la même couleur* partout : elle est noire, blanche, brune, ou jaune.

Si vous détachez un peu de terre jaune, vous la sentirez s'effriter sous vos doigts et tomber en une pluie de petits grains qui luisent au soleil : c'est du **sable**. Mettez-en dans un pot à fleurs et versez dessus un peu d'eau : l'eau traversera rapidement cette terre jaune ; on dit que *le sable est perméable*.

Prenez maintenant un peu de terre brune : sèche, elle sera dure comme un caillou ; humide, elle collera à vos doigts, mais vous pourrez la pétrir à votre aise et lui donner la forme que vous voudrez. Cette terre brune se nomme **argile**. Remplissez d'argile un pot à fleurs et versez de l'eau à la surface, l'eau ne traversera pas la terre brune : on dit que *l'argile est imperméable*.

Vous vous servez de terre blanche, de calcaire, de craie pour marquer sur les trottoirs des rues l'emplacement de vos jeux. Elle est dure ; *l'eau ne la traverse que lentement*. Si vous l'arrosez de vinaigre, il se produira un bouillonnement blanchâtre, et une allumette enflammée que vous approcherez du mélange contenu dans un verre sera éteinte par l'acide carbonique qui se dégage.

Enfin vous rencontrerez des blocs extrêmement durs, des **roches** telles que le *granit* ; vous ne pourriez les entamer qu'en frappant de rudes coups de pioche.

Les racines des plantes et les feuilles des arbres qui pourrissent chaque année, les poussières que le vent transporte, l'argile, le sable, le calcaire que retournent et mélangent la bêche ou la charrue, forment la **terre végétale** : c'est la bonne terre arable que l'homme cultive.

―――――――― *Résumé* ――――――――

On appelle **plan** la représentation sur le papier de la surface d'un terrain, d'un immeuble, etc. On appelle **carte** la représentation des principales lignes, accidents ou points d'une partie de la surface du globe. Un plan ou une carte exacts ne s'établissent qu'à l'aide de longs travaux et de calculs précis ; ils rendent de grands services aux géographes et aux voyageurs.

―――――――― *Résumé* ――――――――

La terre est formée principalement : de sable jaune très perméable, — d'argile brune imperméable, — de calcaire blanc que l'eau traverse lentement, — de roches très dures.

Les racines des plantes trouvent leur nourriture dans une mince couche de terre formée d'un mélange de sable, d'argile, de calcaire et de débris végétaux.

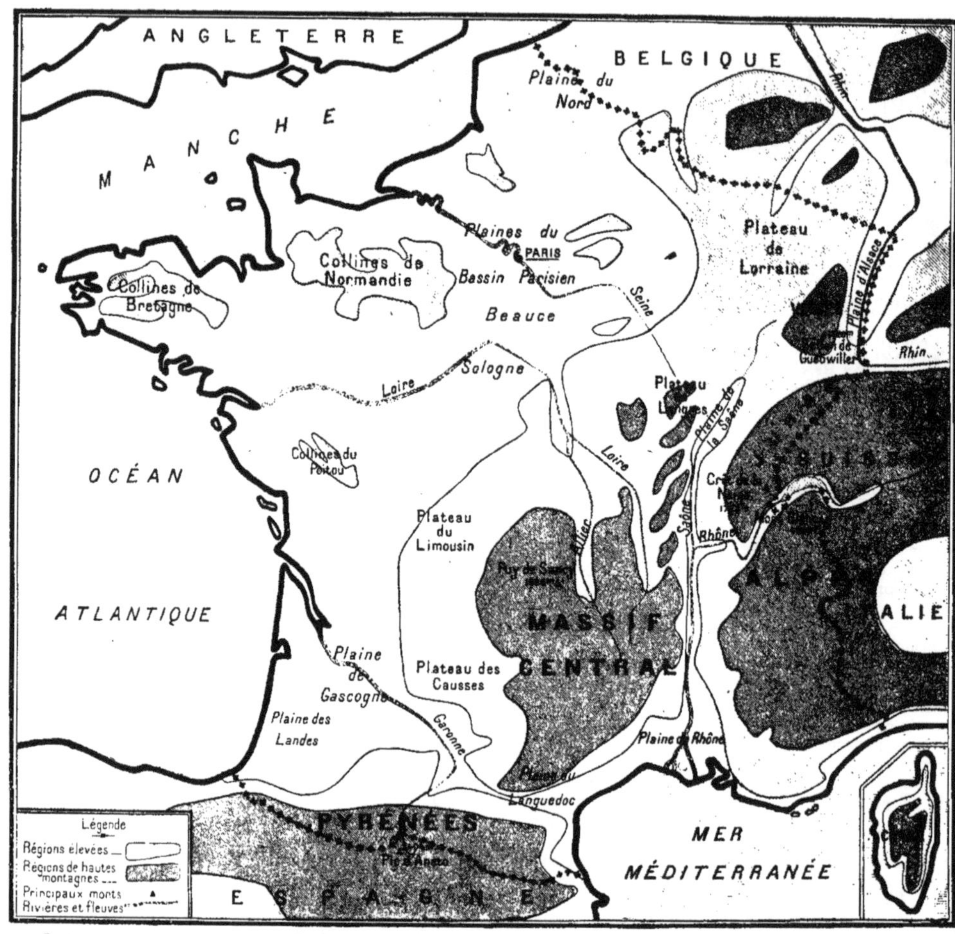


QUESTIONS SUR LA CARTE. — *1. Quelles sont les grandes plaines de la France ? — 2. Quels sont ses plateaux importants ? — 3. Quelles sont ses principales collines ? — Lisez la réponse sur la carte. — 4. Quelles sont les principales montagnes de la France ? Quels sont dans ces montagnes les sommets les plus élevés ? — Lisez la réponse sur la carte.*

LECTURES. — **La plaine de la Beauce.** — A toute vitesse, le chemin de fer d'Orléans à Paris traverse la plaine de la Beauce : il avance pendant une heure sur un terrain absolument plat sans montées ni descentes. Au printemps, le voyageur voit se dérouler sous ses yeux un immense tapis vert ; c'est du blé en herbe, du blé partout. Fin juin, la Beauce est couverte de hautes tiges jaunes qui portent de lourds épis ; entre elles fleurissent des coquelicots et des bleuets par milliers ; le moindre vent fait onduler jusqu'à l'horizon lointain ce tapis d'or piqueté de points rouges et bleus. De rares villages, quelques grandes fermes, de vieux moulins dont les ailes ne tournent plus depuis longtemps, rompent de loin en loin l'uniformité de ce paysage. Les arbres y sont rares, car l'homme a consacré à la culture les moindres parcelles d'une terre si fertile.

**Les dangers d'une ascension.** — Les excursions en montagnes sont toujours très intéressantes et très profitables. Elles développent les muscles, emplissent les poumons d'air pur, offrent aux yeux d'admirables paysages. Mais que de dangers à courir : les crevasses profondes voilées d'une neige perfide, les ponts branlants jetés sur des abîmes invisibles, les avalanches de pierres, l'effondrement des aiguilles de glace, les ouragans de grêle, les tourbillons de neige, la foudre et ses langues de feu qu'elle darde à toutes les pointes, la suffocation, les ardeurs d'un ciel sans nuages, les nausées, le sommeil invincible, les muscles brisés par l'escalade, les illusions de la vue par la destruction de la perspective dans un air sec et léger, l'égarement dans ces solitudes uniformes, voilà ce qui peut arrêter les plus intrépides. (D'après P. JOUSSET.)

*Ce coin de plaine est absolument plat sans une ride à sa surface. Mais toutes les plaines sont loin d'avoir cette uniformité. De légers plis du sol, de faibles ondulations, des bouquets d'arbres, des groupes de maisons en rompent souvent la monotonie.*

*Quelle différence avec la plaine, aux lignes si régulières et si douces! Ici le paysage est fait d'énormes masses de terre et de rochers toutes de hauteurs et de formes différentes. Une épaisse et gigantesque muraille qui sépare deux régions : ainsi se présente une chaîne de montagnes.*

## Les plaines, les plateaux, les collines.

Quand vous vous promenez à la campagne et que vous avez devant vous une très *grande étendue de terre à peu près plate*, vous êtes dans une plaine. Quelques maisons, quelques arbres, quelques haies arrêtent seuls vos regards. Souvent la plaine est cultivée : vous y voyez des champs de blé, d'avoine, de betteraves. Mais parfois la couche de terre végétale est trop mince ou n'existe pas ; des plantes sauvages comme la bruyère peuvent seules y pousser ; cette plaine s'appelle alors une lande. Si aucune plante ne peut y vivre, c'est un désert : il existe ainsi, en certains pays, d'immenses étendues de sable et de pierre où l'on voyage pendant des jours, des semaines, des mois, sans voir un arbre, sans traverser une rivière, sans trouver une maison ; les hommes et les animaux fuient également ces espaces désolés où, faute d'eau, ils périraient.

Mais voici qu'en poursuivant votre promenade, vous êtes obligé de monter une *pente assez forte ;* vous marchez encore longtemps ; vous trouvez que la route est bien longue : cependant l'espoir de la descente prochaine vous redonne du courage. Hélas! quand vous êtes arrivé en haut de la côte, vous découvrez une nouvelle plaine. Pas de descente en vue : il faudrait aller bien loin pour en trouver une. Vous sentez que l'air est plus frais, le vent plus froid, et vous rebroussez chemin. La *grande plaine élevée* où vous êtes ainsi arrivé est un plateau.

Vous partez alors dans une autre direction, et voici que la route monte encore. Cette fois, après que vous avez marché bien longtemps pour atteindre le *point le plus haut*, le sommet, vous avez le plaisir de trouver de l'autre côté une autre pente : sans trop de fatigue vous revenez alors dans la plaine. Cette très haute butte de terre dont vous avez gravi un *versant* pour redescendre ensuite l'autre versant est une colline. Comme sur le plateau, l'air y est plus vif que dans la plaine.

## Les montagnes.

Regardez attentivement la gravure. Vous verrez, dans le bas, les blanches maisons d'une petite ville ; de chaque côté s'élèvent, bien haut vers le ciel, de *grandes masses sombres* : ce sont des montagnes.

Certaines montagnes se terminent presque en pointe : on les nomme *pics, dents, arêtes ;* les autres ont des formes arrondies : on les appelle *ballons, puys ;* elles sont beaucoup plus vieilles que les premières et elles ont été usées peu à peu. Pendant des milliers d'années, en effet, les grandes gelées d'hiver ont fait éclater leurs pierres les plus dures, dont les morceaux, transportés par les pluies et les vents, ont rempli les crevasses. Ainsi les pentes douces et uniformes se sont formées par la disparition des sommets aigus et le comblement des trous profonds.

Les montagnes sont surtout formées de *roches*, tantôt nues et tantôt recouvertes d'un peu de terre végétale. Cette terre nourrit des arbres qui ne craignent pas le froid, tels que les *pins* et les *sapins* et se recouvre en été d'une herbe excellente que viennent paître les troupeaux de bœufs et de moutons.

Mais quand la montagne est *très haute*, ses parties les plus élevées ne sont couvertes que de *glaces* et de *neiges*. Ces neiges ne fondent jamais, même sous les rayons les plus chauds du soleil d'été : ce sont les neiges éternelles.

Une couche de neige devient vite très épaisse. Il suffit d'un orage, d'une tempête pour la détacher du flanc des rochers : elle forme alors une avalanche qui roule avec un bruit terrible jusqu'au bas de la montagne, dans la vallée, balayant tout sur son passage.

Les montagnes se dressent souvent les unes à côté des autres ; leur réunion constitue des chaînes de montagnes. Il est difficile de franchir une chaîne, de passer d'un versant à l'autre ; on ne peut le faire sans trop de fatigue et de dangers qu'aux endroits où la chaîne s'abaisse un peu et forme de larges brèches appelées *cols*.

=========== *Résumé* ===========

*Une plaine est une grande étendue de terre à peu près plate. — Une lande est une plaine inculte. — Un désert est une plaine stérile. — Un plateau est une plaine située dans un lieu élevé.*

*Une colline est une haute et longue butte de terre qui s'élève sur une plaine ou sur un plateau. Deux versants conduisent vers la partie la plus haute : le sommet.*

=========== *Résumé* ===========

*Les montagnes sont des élévations considérables du sol constituées par des rochers que recouvre parfois un peu de terre végétale.*

*Une suite de montagnes dressées les unes à côté des autres forme une chaîne. La chaîne s'abaisse parfois en larges brèches appelées cols. Les sommets des hautes montagnes sont couverts de neiges éternelles.*

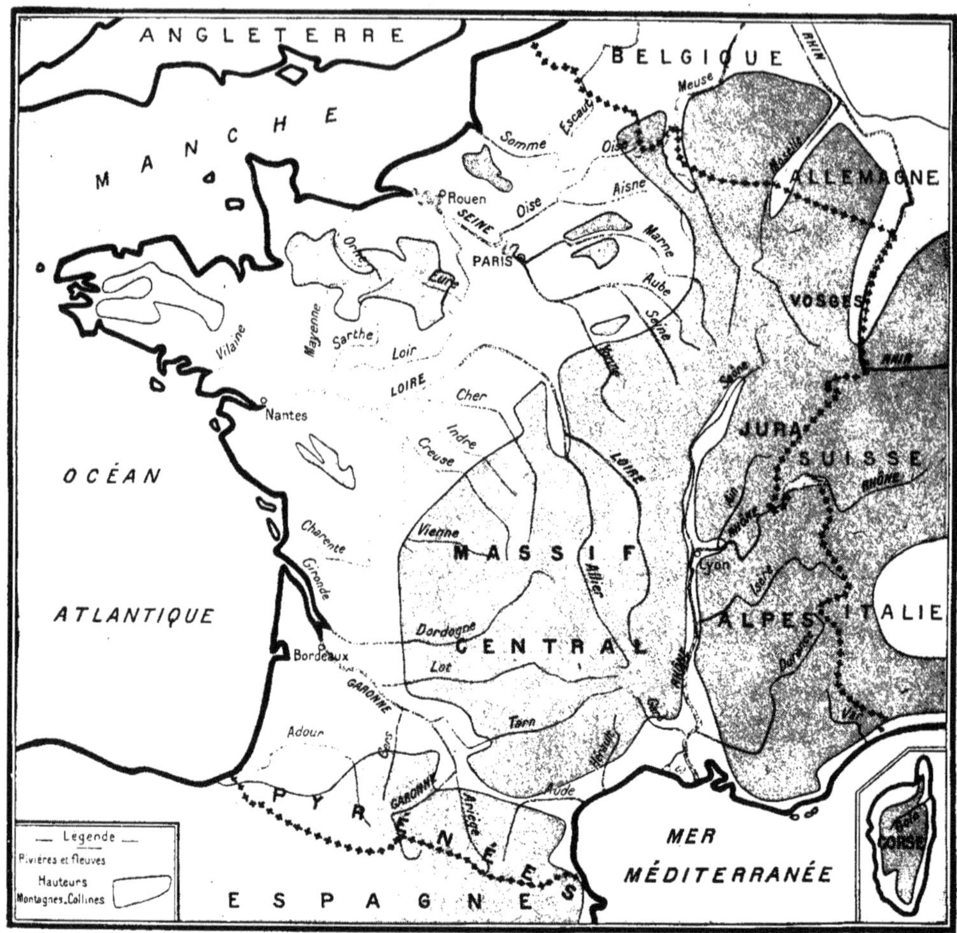


QUESTIONS SUR LA CARTE. — *1. Quels sont les quatre grands fleuves français ? — 2. Indiquez pour chacun d'eux leurs affluents : a) sur la rive droite ; b) sur la rive gauche. — 3. Mesurez avec une ficelle ou une bande de papier la longueur de chacun d'eux sur la carte, et classez-les ensuite du plus court au plus long.*

LECTURES. — **Déboisement et reboisement.** — De grandes forêts couvraient autrefois le sol de notre pays. Mais, surtout au cours du siècle dernier, les habitants des pays de montagnes ont, en beaucoup d'endroits, coupé les arbres qui poussaient sur les versants. Ils y trouvaient un profit immédiat puisqu'ils vendaient le bois ou s'en servaient pour le chauffage de leurs habitations. Mais ils ont bien vite regretté cette imprudence. L'eau des pluies, n'étant plus arrêtée par les feuilles, ni retenue par les racines, a couru le long des pentes ; elle a entraîné la terre végétale ; les cultures sont devenues impossibles ; les pâturages mêmes ont disparu. Certaines régions ont été complètement ruinées. On travaille aujourd'hui à leur reboisement.

**L'inondation.** — Pour protéger leurs terres contre l'envahissement des eaux, les riverains de certains fleuves ont construit le long des bords des digues ou levées, faites de terre battue, consolidées par des pieux ou de la maçonnerie. Au moment des grandes pluies ou du dégel, les eaux plus hautes trouveront ainsi, de chaque côté de leur cours, un obstacle qu'elles ne pourront franchir. Mais parfois, sous la violence du courant, la digue menace d'être crevée ; un filet d'eau la traverse et creuse un tunnel qui s'élargit rapidement : que d'autres infiltrations se produisent dans ces parages et la digue crèvera, laissant passer des flots tumultueux. Alors les hommes se précipitent, comblent la fissure avec des sacs de terre, du bois, du ciment ; ils luttent avec acharnement contre l'invasion qui les menace.

*Le petit ruisseau coule lentement dans la plaine entre deux rangées d'osier. Une source, quelque part dans la colline ou dans la montagne lui a donné naissance : mince filet d'eau auquel sont venus se joindre d'autres minces filets d'eau. On ne peut déjà plus l'enjamber ; il faut passer d'une rive à l'autre sur cette passerelle rustique.*

*La gravure du haut représente la Loire en été. Dans son lit, presque à sec, subsistent seules quelques flaques d'eau entre des plages de sable et des buissons verdoyants. Viennent les pluies d'hiver, et dans ce vaste lit rouleront des masses d'eau énormes, sombres, rapides, dangereuses : la gravure du bas donne une idée de leur force.*

### Les nuages, les sources, les rivières.

Quand l'eau bout sur le feu, une fine buée s'élève de sa surface et disparaît bientôt dans l'air chaud de la cuisine ; s'il fait froid au dehors, cette buée va se coller aux vitres, puis coule en larges *gouttes* sur les boiseries des fenêtres. La *vapeur d'eau* monte aussi de la surface des rivières, des lacs, de la mer chauffée par le soleil. Elle se refroidit dans les hautes régions du ciel, elle forme des **nuages** qu'emporte le vent. Si les nuages traversent un air très froid, les fines gouttelettes qui les composent deviennent aussitôt de grosses gouttes et *la pluie commence à tomber.*

Les gouttes de pluie, un moment arrêtées, glissent sur les feuilles des arbres, puis tombent sur le gazon. Elles *s'infiltrent* par mille petites crevasses jusqu'aux racines ; elles entrent profondément dans la terre. Elles s'enfoncent encore dans le *sol perméable* jusqu'au moment où elles rencontrent une couche imperméable dont elles suivent la pente. Elles forment alors des filets d'eau souterrains qui descendent invisiblement ; sur le flanc du coteau ces filets d'eau jaillissent à l'air libre : ce sont des **sources.**

Le **ruisseau** qui sort des sources descend dans la vallée vers la plaine ; il rencontre en chemin d'autres ruisseaux ; il grossit sans cesse et forme bientôt une **rivière.**

La rivière traverse les plaines ; ses bords, ou rives, sont plantés d'arbres : saules ou peupliers ; son *courant*, plus ou moins rapide, fait tourner les roues des moulins ; son eau arrose les jardins et les champs.

Certaines rivières voient, la majeure partie de l'année, leur cours réduit à un mince filet d'eau. Mais qu'un orage survienne, et les voilà en quelques heures pleines jusqu'au bord, roulant d'énormes masses d'eau qui se répandent parfois sur la campagne environnante. Ces rivières portent le nom de **torrents.** L'homme se défend difficilement contre elles.

### Les fleuves.

Certaines rivières vont se jeter directement dans la mer, mais d'autres rencontrent un cours d'eau plus large, plus profond qu'elles-mêmes que l'on appelle un **fleuve.** Le point de la rencontre s'appelle un **confluent** et l'on dit de la rivière qu'elle est un **affluent** (Voir p. 22).

La source qui donne naissance au fleuve jaillit le plus souvent dans de hautes montagnes. L'eau plus ou moins abondante qu'elle fournit se creuse un *lit* parmi les blocs de pierre, suit les pentes rapides des versants, tombe parfois de très haut en *cascade*, en chute, d'un rocher à l'autre et arrive enfin dans la plaine. Son courant devient alors moins violent, son lit s'élargit : les bateaux commencent à flotter à sa surface.

L'eau qui coule dans le fleuve n'atteint pas toujours la même hauteur : le **niveau** est souvent *bas* en été (période de sécheresse), *élevé* en hiver et au printemps (période de pluie et de fonte des neiges). Il arrive même que les affluents apportent en même temps de grandes quantités d'eau : alors, le fleuve *déborde*, il *inonde* les terrains qu'il traverse. Les **inondations** causent souvent de grands dommages : des animaux domestiques sont noyés, des meules de blé entraînées, les mobiliers des maisons détruits et parfois aussi les habitations ; les hommes se défendent difficilement contre les inondations.

*Ces fleuves qui produisent ces inondations ont un régime irrégulier. Ceux qui roulent à peu près la même quantité d'eau à toutes les époques de l'année ont un régime régulier ;* ils rendent aux hommes de grands services.

Après avoir parcouru des centaines de kilomètres et reçu, de la rive droite comme de la rive gauche, l'apport de nombreux affluents, les eaux du fleuve se déversent dans la mer par une **embouchure**, un **estuaire.** Certains estuaires, très larges, sont de véritables bras de mer.

────────────── *Résumé* ──────────────

*De la surface des eaux chauffée par le soleil s'élèvent de grandes quantités de vapeur qui forment les nuages. La pluie qui en tombe s'infiltre profondément dans le sol, suit la pente des couches imperméables et vient jaillir en source dans la vallée.*

*Le ruisseau auquel la source donne naissance rencontre d'autres filets d'eau et devient une rivière.*

────────────── *Résumé* ──────────────

*Souvent la rivière se jette dans un fleuve dont elle est l'affluent.*

*Les fleuves sont des grands cours d'eau qui, après un long parcours, se jettent dans la mer. Les uns roulent pendant toute l'année une même quantité d'eau : ils ont un régime régulier ; les autres, à sec en été, débordent en hiver et inondent leurs rives ; ils ont un régime irrégulier.*

LECTURES. — Les « dangers ». — La mer *brise* toujours avec fracas sur les obstacles soit sous-marins, soit apparents ; elle déferle, donne naissance à des vagues monstrueuses, couvertes d'écume blanche, bruyantes, que les marins nomment les *brisants*. Ce bruit des brisants, grondement qui s'entend de très loin, ou leur vue, est toujours l'indication de la présence d'un « danger ». Les dangers portent des noms que leur ont donnés les marins locaux : le Cochon, le Taureau, la Vieille, le Pain de Sucre, le Pouce du Diable ; leur emplacement est signalé sur les cartes marines dont se servent les navigateurs. Et malheur au navire qui vient toucher de tels obstacles ; une déchirure troue sa coque, l'eau s'engouffre à l'intérieur et il sombre souvent sur place avant qu'il ait été possible de lui porter secours.

La cause des marées. — Les marées sont causées par l'attraction des astres voisins de la Terre : la lune, le soleil. Les peuples anciens et, en particulier, les Scandinaves, grands navigateurs, avaient trouvé dans l'histoire de leurs dieux une explication à ce phénomène extraordinaire. Le dieu de la Mer était armé d'une corne gigantesque. Il la plongeait, à heures fixes dans la mer et il aspirait longuement (car il avait des poumons vastes et solides) l'eau des profondeurs. Ainsi le volume des mers diminuait de tout ce qui était entré dans la corne ; l'eau baissait sur les rivages : c'était le *reflux*. Mais quand le dieu de la Mer se trouvait fatigué d'un pareil exercice, il rejetait l'eau qu'il avait ainsi emmagasinée dans sa corne ; la mer remontait lentement : c'était le *flux*. Sans se lasser, avec une régularité parfaite, le dieu accomplissait cette besogne prodigieuse.

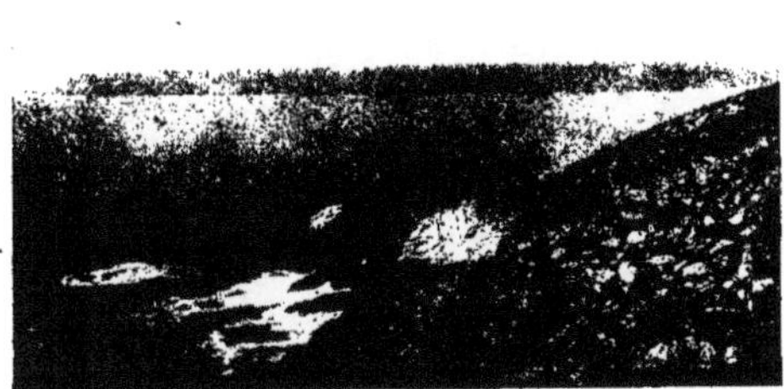

*Cette vaste échancrure, recouverte par les eaux de la mer est un golfe. Ce golfe est limité du côté le plus proche de nous par des blocs rocheux que la mer bat constamment, — de l'autre côté par un plateau rocheux dont la pointe, qui s'avance loin dans la mer, forme un cap.*

*Le vent monte et les vagues grossissent à la surface de la mer. Leurs crêtes se frangent d'écume ; le moindre obstacle — quelque rocher à fleur d'eau, par exemple — les fait s'épanouir en hauts éventails blancs qui, à peine formés, retomberont avec un bruit terrible.*

### La mer.

Quand vous arrivez à l'embouchure du fleuve, vous êtes *au bord de la mer*. Vous avez devant vous, à perte de vue, de l'eau, rien que de l'eau, une eau qui paraît grise, bleue ou verte : c'est la mer ou l'océan. Si vous montiez dans un de ces bateaux dont vous apercevez au loin le panache de fumée, vous navigueriez peut-être pendant des jours entiers sans revoir un coin de terre.

Vous pourriez boire l'eau de la source, de la rivière ou du fleuve : l'eau douce, — mais vous rejetteriez bien vite une gorgée d'eau de mer, car elle est fortement **salée** et a un goût *amer*.

Les terres qui bordent cette immense étendue d'eau forment le littoral. Suivons-le. Le voyage ne se fait pas en ligne droite ; parfois la terre avance *en pointe* dans la mer : c'est un **cap** ; ailleurs la mer a *entamé* le littoral et forme comme une large *bouche* dans les terres : c'est un **golfe**. Le littoral présente aussi des aspects bien différents. Il est constitué tantôt par une simple bordure de *sable fin* et jaune ou de *galets* arrondis : **la plage**, qui remonte en pente douce vers les terres ; tantôt par de hauts et larges *talus de sable* : les **dunes** ; tantôt par *des blocs élevés et continus* de craie ou de roche : les **falaises**.

Le vent, qui souffle toujours au bord de la mer, déplace lentement, insensiblement les dunes de sable, qui avancent ainsi peu à peu vers l'intérieur des terres. Mais on a réussi à fixer les dunes par des plantations de pins dont les racines s'enfoncent profondément dans le sable.

Si nous regardons vers la mer, vers le large, nous verrons en certains endroits des **récifs**, rochers que l'eau ne recouvre pas entièrement ; des **îles**, étendues de terre plus ou moins grandes que l'eau entoure de tous cotés ; des **presqu'îles** qui sont presque des îles qu'une mince bande de terre, appelée **isthme**, rattache au continent. Nous apercevrons aussi des *groupes* d'îles, appelés **archipels** (voir p. 23).

### Les marées, les vagues, les courants.

Asseyez-vous sur la falaise. La plage s'étend devant vous ; c'est en ce moment un vaste champ de sable *bien sec*, bien jaune. Vous pourriez y jouer sans crainte, car *la mer est loin de vous*.

Mais ne voyez-vous pas qu'*elle semble se rapprocher*, que la largeur de la plage diminue ? En effet, l'eau *avance* lentement par petites courbes gracieuses, puis elle *se retire* en laissant le sable mouillé, puis elle avance un peu plus, se retire encore ; à chaque fois, cependant, elle gagne du terrain. Au bout de six heures, toute *la plage est recouverte d'eau* : vous avez vu la **marée montante**. C'est la haute mer pendant une demi-heure environ. Puis l'eau *se retire* peu à peu, *revient*, se retire encore : elle perd insensiblement du terrain. Le sable se découvre à nouveau et, au bout de six heures, *la plage est complètement dégagée*. Quand la marée descendante a terminé son mouvement de recul, *la mer est basse*. Mais bientôt elle recommencera à monter, puis elle redescendra et, chaque jour, il en sera ainsi : la mer ne se repose jamais.

De plus la surface de la mer *n'est pas unie* comme celle d'une rivière ou d'un lac. Le vent l'agite constamment, il la creuse, la soulève, et pousse ainsi dans la même direction de longues bandes d'eau qui se dressent et s'abaissent continuellement et qui sont les **vagues**. Les jours de **tempête**, *le vent souffle très fort ;* alors les vagues deviennent très hautes et une mousse blanchâtre, l'écume, se forme à leur sommet.

Enfin dans cette immense étendue d'eau, circulent des **courants**, sortes de larges fleuves glissant au milieu de la masse immobile des océans, à la façon des courants d'air qui traversent parfois la masse immobile de l'air d'une chambre. La température de ces courants peut être ou plus chaude ou plus froide que celle des eaux qu'ils traversent.

=============== *Résumé* ===============

*La mer est une immense étendue d'eau salée. Les terres qui la limitent forment le littoral, tantôt bordé de dunes et tantôt de falaises. — Un cap est une pointe de terre qui s'avance dans la mer ; un golfe, une partie de mer qui s'avance dans la terre. Une île est une étendue de terre entourée d'eau de tous côtés ; elle n'est qu'une presqu'île quand un isthme la rattache au continent.*

=============== *Résumé* ===============

*La mer est constamment agitée par :*
*Les vagues, ondulations de la surface qui se produisent sous la poussée du vent ;*
*Les marées, mouvements périodiques des eaux qui montent et baissent deux fois par 24 heures ;*
*Les courants, sortes de larges fleuves froids ou chauds qui circulent dans les eaux marines.*

*Ce navire se rapproche de vous. La jumelle vous a montré d'abord le sommet des mâts, puis apparaissent des voiles; vous avez vu ensuite la coque que la courbure de la terre vous cachait tout d'abord.*

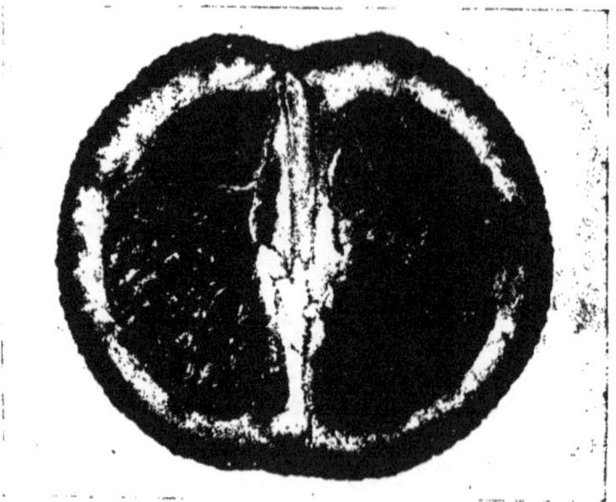

*On a coupé une orange en deux parties égales : vous voyez nettement l'écorce et la pulpe. L'écorce de la terre est moins épaisse par rapport au noyau central que l'écorce de l'orange par rapport au fruit.*

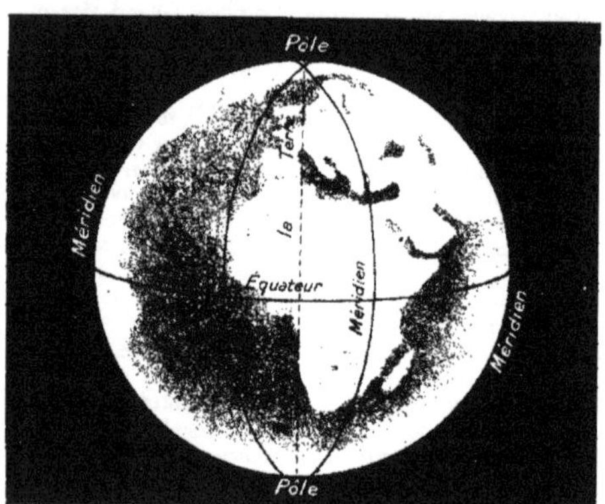


*Vous allez apprendre votre résumé. Mais vous ne le saurez convenablement que si vous suivez du doigt sur ce dessin les lignes et les points que l'on appelle axe, pôles, équateur, méridien. Dessinez-les aussi pour mieux les connaître.*

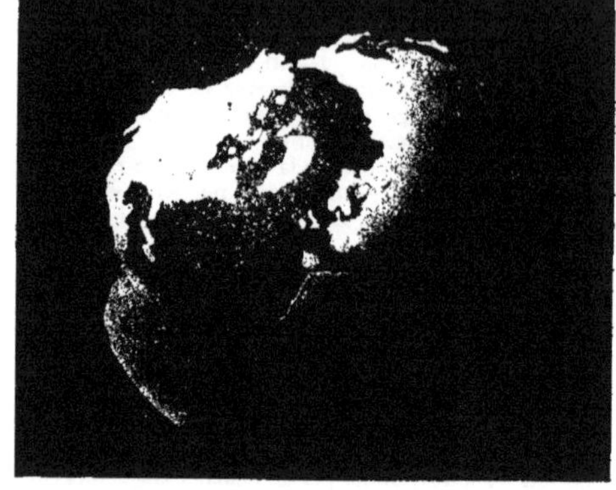

*Notre pays, la France, figure en noir sur cette gravure qui représente le globe terrestre isolé dans l'espace. C'est un gros point seulement en comparaison de l'ensemble des autres surfaces terrestres.*

EXERCICES. — *1. Reproduisez les dessins ci-dessus. — 2. Munissez-vous d'une vieille balle en caoutchouc ; traversez-la avec une aiguille à tricoter ; prenez un petit pinceau et de l'encre ou de la couleur noire ; mettez un point à l'emplacement des pôles ; tracez une circonférence pour figurer l'équateur, — une autre pour représenter un méridien.*

LECTURES. — **Le méridien et le canon.** — Vous regarderez le soleil quand les horloges sonneront les douze coups de midi. A ce moment il est au milieu de la grande courbe qu'il décrit en apparence dans le ciel depuis son lever jusqu'à son coucher. Le méridien qui, allant du nord au sud, passe par l'endroit que vous habitez, est supposé passer très haut dans le ciel juste au milieu et au-dessus de vos têtes (voir la figure p. 15). Le soleil à midi coupe donc le méridien, et pour tous les pays situés sous le même méridien que le vôtre, il est midi.

Dans le jardin du Palais-Royal, à Paris, est installé un petit canon, dont la charge de poudre s'enflamme par le moyen d'une loupe disposée de telle façon qu'elle reçoit, à midi juste, les rayons du soleil. Quand le coup de canon retentit, le soleil est au méridien de Paris.

**Les volcans français.** — En des temps très anciens, la France a eu dans sa région montagneuse d'Auvergne (voir la carte page 18) de nombreux volcans en activité. Le plus ancien, celui du Cantal, n'est plus qu'une ruine, sombre forteresse dont le donjon s'est écroulé, mais à laquelle des murailles tordues par la lave, noircies par le feu, usées par les éléments, donnent encore une belle apparence. Pourtant une herbe dure revêt les versants disloqués de l'ancien volcan. Dans le cratère même, le printemps venu, les troupeaux s'éparpillent en de tranquilles pâturages.

Depuis que les clameurs du volcan ont cessé, la vie reprend ses droits et l'on n'entend plus dans le calme du soir que les sonnailles cristallines des bêtes qui regagnent leur gîte. (D'après P. JOUSSET.)

*Il y a des milliers et des milliers d'années, le centre de notre pays, cette région que l'on appelle le Massif central, comptait près de soixante volcans en activité. Les laves qu'ils ont vomies forment aujourd'hui des dômes arrondis au sommet desquels se dessinent encore les cratères.*

*La France n'a plus de volcans en activité, mais il en existe encore un grand nombre à la surface du globe. Tels sont le Vésuve près de Naples et l'Etna en Sicile. Cette vue représente une éruption de l'Etna en 1892. Une fumée épaisse sort des cratères; la lave coule sur les pentes.*

## A la surface du globe terrestre.

Si, au bord de la mer, vous suivez avec une jumelle *le départ d'un navire qui s'éloigne*, vous le verrez, en premier lieu, *tout entier* avec sa coque, ses cheminées, ses mâts; il vous semblera ensuite que la coque, puis la cheminée, puis les mâts, *disparaissent*. Le sol, sur lequel nous marchons, n'est en effet que la surface d'une immense boule, d'une sphère : le globe terrestre. Et *le navire qui s'éloigne suit la courbe du globe* qui le cache peu à peu à nos regards.

Vous pourriez avoir une idée de ce globe avec une orange ou une balle en caoutchouc. Une aiguille à tricoter, dont vous la traverserez, figurera l'axe de la terre. Vous nommerez pôle chacun des deux points où l'aiguille sortira. Une circonférence que vous tracerez, autour de l'orange, *à égale distance des pôles*, représentera l'équateur; mais, dans la réalité, cet équateur a 40.000 kilomètres de long. Si vous coupez le globe, ou sphère, en *deux parties égales* suivant la ligne qui représente l'équateur, chacune des parties sera un hémisphère. Enfin une circonférence qui fera le tour de la terre *en passant par les pôles* sera un méridien.

Un globe en carton, monté sur une baguette en cuivre, vous donnera une idée encore plus exacte de la Terre. Vous y trouverez sans peine l'axe que figure la baguette, les pôles, l'équateur. Mais, s'il n'y a que deux pôles et un équateur, il y a autant de méridiens que l'on veut en tracer.

Vous chercheriez vainement, sur les routes où vous vous promenez, *la trace de ces lignes;* vous ne trouveriez jamais un méridien. Ces lignes n'existent pas en effet sur le terrain; *on ne les dessine que sur les cartes.* Mais elles sont très utiles; les marins, les explorateurs, s'en servent pour reconnaître leur route, — et les écoliers pour apprendre la géographie.

## A l'intérieur du globe terrestre.

Quand on creuse dans la terre un puits d'une grande profondeur, on constate que *la chaleur augmente à mesure que l'on descend.* — En de nombreuses régions, des *eaux chaudes*, bouillantes même, ou des jets de vapeur, jaillissent du sol.

Il existe d'autre part des volcans, ou montagnes percées d'un puits profond, d'une cheminée qui se termine par une large ouverture en forme d'entonnoir, le *cratère*. Il en sort habituellement une légère fumée. Parfois cette fumée s'épaissit, forme au-dessus du cratère un gros nuage noir; de sourds grondements se font entendre. C'est l'annonce d'une *éruption.* Bientôt des matières en fusion, *des laves*, sortent du cratère et descendent les versants comme de lents ruisseaux de feu. Elles se refroidissent assez vite au contact de l'air et restent fixées aux flancs de la montagne. Mais il arrive aussi que les laves coulent jusque dans la plaine, et si vite que des villes entières ont été *ensevelies* sans que leurs habitants aient eu le temps de se sauver.

Les éruptions sont souvent séparées par des périodes de calme très longues. Beaucoup de volcans paraissent définitivement *éteints;* leur cheminée est obstruée par des éboulis de terres et leur cratère, qui recueille les eaux de pluie, s'est transformé en lac.

Ces laves, pierres et roches qu'un feu gigantesque a fondues et mélangées, viennent de l'intérieur de la Terre. La surface sur laquelle nous vivons n'est en effet qu'une *mince croûte* recouvrant un noyau de feu, un immense *brasier* toujours en activité.

Cette croûte solide est parfois agitée, surtout dans les régions volcaniques, par des *tremblements* courts et violents. Pendant quelques minutes, la surface de la Terre est remuée par un mouvement de va-et-vient qui détruit les maisons les plus solidement construites, et ruine des régions entières.

=================== *Résumé* ===================

La Terre a la forme d'un immense globe dont la circonférence mesure 40.000 kilomètres. — L'axe est la ligne droite qui traverse la Terre en passant par les pôles. — L'équateur est la circonférence qui fait le tour de la Terre en passant à égale distance des deux pôles. — Un méridien est une circonférence qui fait le tour de la Terre en passant par les pôles. — Ces lignes n'existent pas sur le terrain.

=================== *Résumé* ===================

Les volcans sont des montagnes d'où sortent, par une ouverture appelée cratère, des tourbillons de feu et des matières en fusion, les laves. — Les volcans ont des périodes d'éruption séparées par de longs intervalles de calme.

La croûte solide sur laquelle nous vivons recouvre un noyau de feu, un immense brasier, toujours en activité.

*S'il y avait des habitants à la surface de la lune, ils pourraient contempler ce grand disque terrestre reflétant la lumière du soleil : c'est ainsi qu'il faut se représenter la Terre isolée dans l'espace.*

*Et voici comment, dans notre ciel, nous voyons la pleine lune : un beau disque d'or pâle qui suit lentement une courbe régulière. La comparaison des deux gravures montre que la lune est bien plus petite que la Terre.*

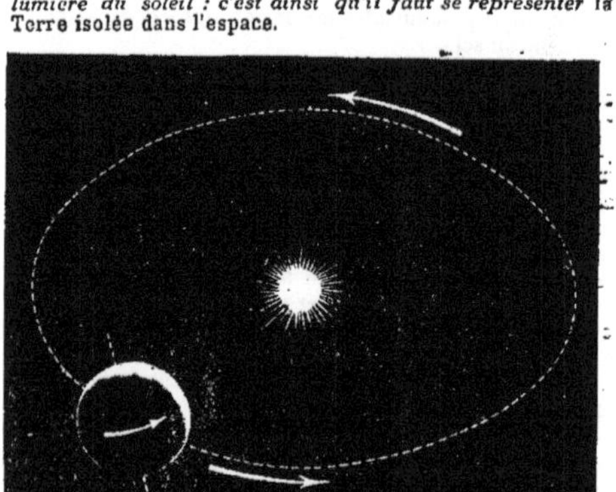

*La Terre tourne autour du soleil en 365 jours 1/4 en suivant une courbe allongée, une ellipse ; elle parcourt ainsi l'espace à la vitesse de 106.000 kilomètres à l'heure. En même temps elle fait, en 24 heures, un tour complet sur elle-même.*

*La lune n'est pas lumineuse par elle-même : elle reflète la lumière du soleil. Elle tourne autour de la Terre et son disque nous apparaît éclairé de différentes façons suivant les positions qu'elle occupe dans l'espace.*

LECTURES. — **Le lever de la pleine lune.** — Le lever de la pleine lune est un événement. Elle apparaît à la vanne de l'étang, au-dessus de la colline, entre les basses branches des chênes. Elle est monstrueuse et toute rouge. Elle n'éclaire point, et elle fait peur à tout ce qui vit. Les chevaux de ferme lèvent la tête et se mettent à trotter le long des haies mouillées ; il y a des effarouchements dans les feuilles ; les derniers grands insectes posés sur les nénuphars quittent ces îles, et, d'un trait, se réfugient sur les bords en rayant l'eau du vent de leur vol. Les chiens se taisent un moment dans les courtils. Et s'il reste une fleur entr'ouverte près de vous, trompée par la brise encore molle du jour, regardez comme elle va rapprocher promptement les pointes de ses pétales afin de protéger l'étamine, son âme vivante et fertile. — René BAZIN.

**Les pierres tombées du ciel.** — Par un beau jour de l'été 1803, vers une heure après midi, on aperçut, à Laigle, dans les environs d'Alençon, un globe enflammé d'un éclat très brillant, et qui se mouvait dans l'atmosphère avec beaucoup de rapidité. Quelques instants après, on entendit une explosion violente qui dura cinq ou six minutes. Ce bruit partait d'un petit nuage qui avait la forme d'un rectangle. Avec des sifflements semblables à ceux d'une pierre lancée par une fronde, on vit tomber en même temps une multitude de masses solides dont le nombre fut évalué à 2.000. La plus grosse pesait 8 kg. 500. D'où viennent ces pierres qui tombent du ciel, ces aérolithes ? Probablement d'astres qui ont éclaté et dont les morceaux glissent à une vitesse énorme, pendant des siècles, à travers l'espace infini qui sépare les mondes.

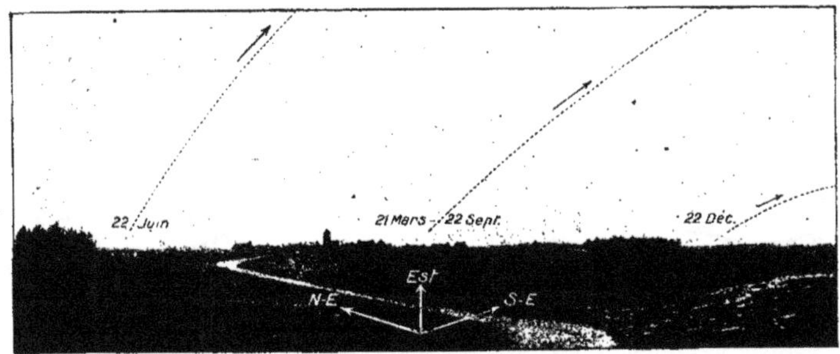
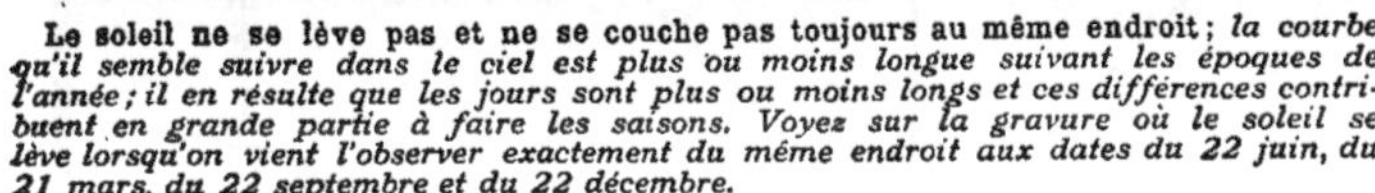

Le soleil ne se lève pas et ne se couche pas toujours au même endroit ; *la courbe qu'il semble suivre dans le ciel est plus ou moins longue suivant les époques de l'année ; il en résulte que les jours sont plus ou moins longs et ces différences contribuent en grande partie à faire les saisons. Voyez sur la gravure où le soleil se lève lorsqu'on vient l'observer exactement du même endroit aux dates du 22 juin, du 21 mars, du 22 septembre et du 22 décembre.*

*Il faut pour observer les astres, et surtout les étoiles, si éloignées de nous, des lunettes extrêmement puissantes. Ces instruments sont employés par les astronomes dans les observatoires.*

### Les astres.

Regardez le soleil avec un verre noirci par la fumée, afin de protéger vos yeux de ses rayons ardents. Vous verrez un *cercle rouge*, rouge comme les braises d'un four de boulanger. C'est en effet un immense *globe de matières en feu*. Il vous semble bien petit, mais il est plus d'un million de fois gros comme la Terre, dont il est éloigné de près de 150 millions de kilomètres. Il nous *éclaire* et nous donne sa *chaleur*; s'il ne brillait plus, toute vie cesserait sur la Terre.

La lune, que nous voyons la nuit quand le ciel est pur, *reflète*, comme ferait un miroir, *la lumière qu'elle reçoit du soleil*. Elle est 50 fois plus petite que la Terre. Elle en est 350 fois moins éloignée que le soleil. — Au moyen de longues-vues puissantes appelées télescopes, les *astronomes* observent la surface de la lune : ils y voient des montagnes, des plateaux, des volcans. La lune n'est pas, comme la Terre, entourée d'une couche d'air respirable ; elle manque d'eau.

Bien plus loin encore que le soleil sont d'autres soleils, les **étoiles**, qui nous paraissent très petites à cause de l'immense distance qui nous en sépare. Alors que la lumière du soleil ne met que 7 minutes à nous parvenir, il faut à la lumière de certaines étoiles des centaines et *des milliers d'années* pour arriver jusqu'à nous. Un groupe de quelques étoiles formant une sorte de dessin porte le nom de **constellation**. Telles sont les constellations de la Petite Ourse et de la Grande Ourse. — En certains points du ciel, les étoiles sont si nombreuses qu'on ne peut les distinguer les unes des autres ; elles forment des taches de lumière blanche sur le ciel noir.

Ainsi, l'espace, ce vide immense qui entoure la Terre et dont nous ne pouvons apprécier l'étendue, est peuplé *d'astres ;* les astronomes en découvrent chaque jour de nouveaux.


=== *Résumé* ===

*Le soleil est un immense globe de feu qui, malgré son éloignement, donne à la Terre la lumière et la chaleur nécessaires à la vie. La lune ne fait que nous renvoyer la lumière qu'elle reçoit du soleil. — Les étoiles innombrables sont autant de soleils qui nous paraissent petits parce qu'ils sont infiniment loin de la Terre. Un groupe de quelques étoiles porte le nom de constellation.*


### Les jours, les nuits. Les années, les saisons.

La Terre n'est pas immobile dans l'espace. *Elle tourne sans arrêt autour de son axe ;* il lui faut 24 heures, ou un jour, pour accomplir un tour complet. Elle présente ainsi à la lumière et à la chaleur du soleil une moitié de sa surface, un hémisphère, tandis que l'autre moitié est dans la nuit.

La Terre accomplit un autre mouvement ; *elle tourne autour du soleil en* 365 jours 1/4 : une année. Mais, comme nous ne comptons que 365 jours par an, il faut, tous les 4 ans, ajouter un jour au calendrier ; c'est le 29 février : l'année est alors bissextile. L'année est divisée en 12 mois de 31 ou 30 jours ; février en a 28 seulement.

Si, profitant d'une belle nuit étoilée, vous observez la *lune* une fois par semaine pendant 4 semaines consécutives, vous lui trouverez successivement les formes d'un *croissant*, d'un *demi-cercle*, d'un *cercle*, suivant la position qu'elle occupe dans l'espace : elle tourne en effet autour de la Terre en un mois (29 jours 1/2 exactement). Cette période est divisée en *nouvelle lune, premier quartier, pleine lune, dernier quartier.*

Vous compterez, quand vous serez au mois de *décembre* et qu'il fera une journée de beau temps, le nombre d'heures pendant lequel le soleil éclaire la Terre, depuis son lever jusqu'à son coucher. Vous ferez le même calcul au mois de *juin ;* vous trouverez alors que le soleil nous chauffe chaque jour *beaucoup plus longtemps* qu'il ne le faisait six mois auparavant. Les jours les plus chauds sont ceux de l'été ; les jours les plus froids, ceux de l'hiver. Étés et hivers, ainsi que les périodes intermédiaires qui les séparent, *automnes* et *printemps*, constituent les saisons. Elles durent chacune 3 mois : le printemps commence le 21 mars, — l'été, le 22 juin, — l'automne, le 23 septembre, — et l'hiver le 22 décembre.


=== *Résumé* ===

*La Terre tourne sur elle-même en 24 heures, ou en un jour ; elle tourne autour du soleil en 365 jours 1/4, ou en une année. — La lune tourne autour de la Terre en 29 jours 1/2, à peu près un mois. — Notre pays ne reçoit pas toujours la même quantité de chaleur : l'été chaud et sec, l'hiver froid et pluvieux, sont séparés par deux saisons intermédiaires : le printemps et l'automne.*

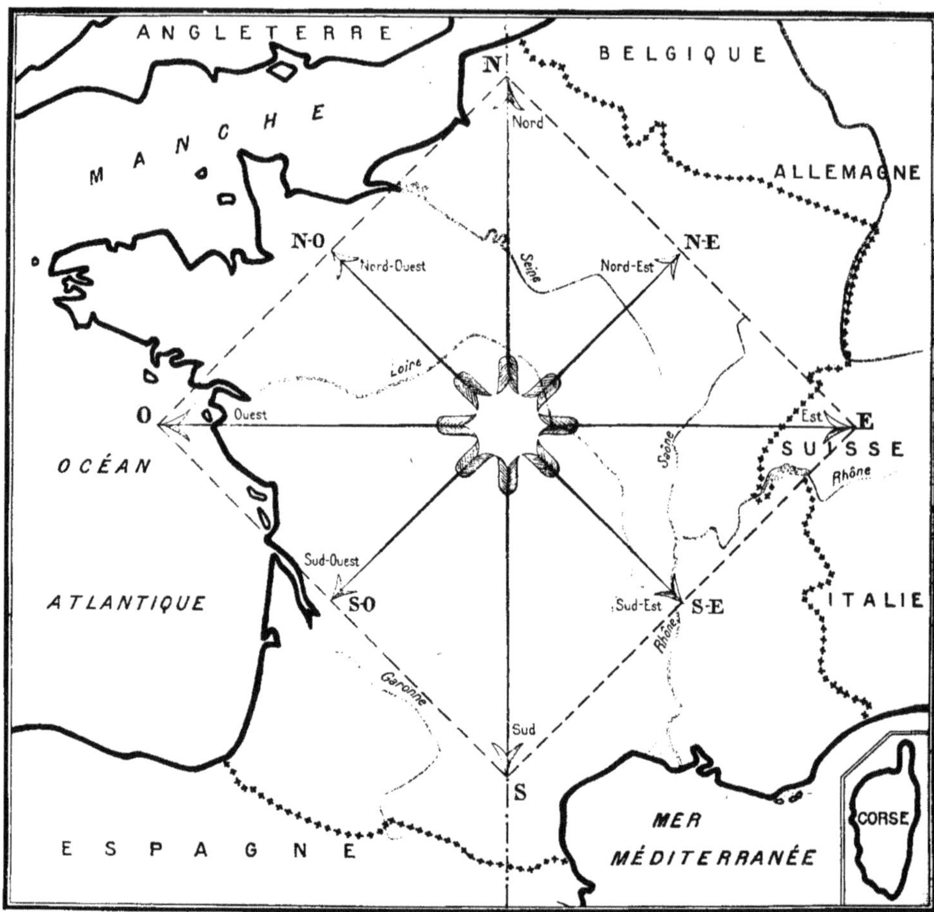



EXERCICES. — *1. Une* rose des vents *est un dessin qui indique la direction des points cardinaux et celle des points intermédiaires (quels sont ces points intermédiaires ?) — 2. Découpez un morceau de carton, dessinez dessus un carré d'après le modèle tracé en rouge sur la carte et inscrivez les mêmes lettres. — Orientez votre carton en plaçant le sud dans la direction du soleil à midi. — 3. Tenez la carte verticalement ; dites où se trouvent le nord, le sud, l'est, l'ouest.*

LECTURES. — **La tramontane.** — Les marins ont aujourd'hui, pour trouver les points cardinaux et se diriger sur l'immensité des mers, des appareils très précis qui leur permettent à chaque instant de bien savoir où ils se trouvent. Il n'en était pas de même autrefois. Quelle n'était pas l'inquiétude des navigateurs italiens du moyen âge quand, après s'être éloignés des côtes par beau temps, ils voyaient aux approches de la nuit le ciel se couvrir ! En vain ils cherchaient l'étoile qui brille au delà des monts, (c'est-à-dire des Alpes) la « tramontane », l'étoile polaire : les nuages la cachaient. Ils avaient perdu la tramontane, la bonne route ; ils étaient égarés sur la vaste mer. Le mot s'emploie aujourd'hui au sens figuré : perdre la tramontane, c'est ne pas savoir se tirer d'affaire en présence de difficultés.

**Une boussole pratique.** — Une montre ordinaire peut servir de boussole. En la plaçant horizontalement de façon que la petite aiguille soit dans la direction du soleil, la moitié de l'arc que doit encore parcourir cette aiguille pour atteindre le chiffre xii du cadran, ou la moitié de l'arc parcouru au delà de xii, s'il est plus de midi, indiquera sensiblement le sud. En tournant par exemple la petite aiguille vers le soleil au moment où elle marque dix heures, on trouvera le sud dans la direction du chiffre xi du cadran. Voici qui est plus simple : observez, quand vous irez dans une forêt, que la mousse sur le tronc des arbres pousse principalement d'un côté ; cette végétation vous indique la direction du nord. Dès que vous avez déterminé un des points cardinaux, il vous est facile de trouver les autres.

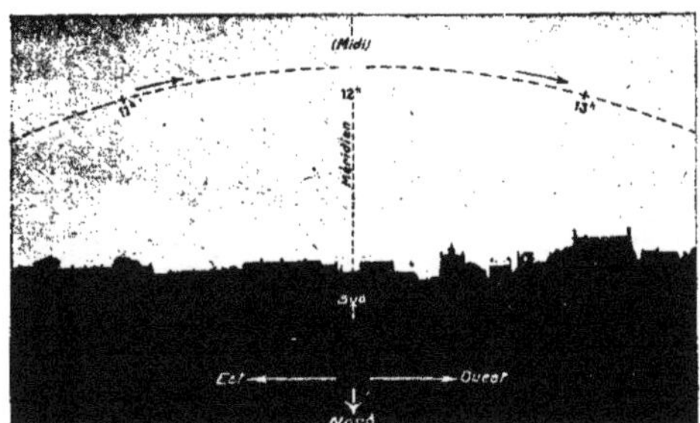



*Il est midi. Le soleil passe au méridien du petit village. Il s'est levé à l'est, il se couchera à l'ouest. Ainsi que vous l'apprendrez dans la leçon, le personnage, qui, à cette heure de la journée, regarde le soleil, a devant lui la direction du sud, celle de l'est à sa gauche, celle de l'ouest à sa droite et celle du nord derrière lui.*

*Dans le ciel pur où brillent tant d'étoiles, il est facile de trouver la Grande Ourse puis l'étoile polaire. Mais, alors que l'étoile polaire est fixe, qu'elle luit toujours au même endroit dans l'espace, les autres étoiles tournent lentement autour d'elle. Regardez-la donc à n'importe quel moment de la nuit : vous aurez le nord devant vous.*

## Les points cardinaux.

Vous vous dirigez facilement aux alentours de votre maison, dans les rues du village ou de la ville que vous habitez. Si loin même que vous alliez dans les champs, vous trouverez toujours des arbres, des haies, des habitations qui vous serviront de *points de repère* et vous permettront de retrouver votre route.

Mais vous vous aventurez dans un grand bois, vous marchez devant vous sans crainte... Quand vous voudrez revenir sur vos pas, *vous ne trouverez plus la direction* que vous avez suivie, ni les arbres que vous aviez remarqués au passage. Cependant, si vous savez vous **orienter**, c'est-à-dire *trouver* la *direction des points cardinaux*, vous n'aurez aucune peine à reprendre le bon chemin ; si non, vous ferez mille détours inutiles avant d'atteindre la lisière.

D'un endroit bien découvert, observez donc un matin le *lever du soleil* : vous verrez son globe rouge qui semble sortir de terre et monter lentement dans le ciel. Plantez en terre un bâton, et tracez sur le sol une ligne dans cette direction, c'est celle du *levant*, de l'est ou de l'*orient*. — Du même endroit, observez à *midi* la position du soleil, et tracez une nouvelle ligne : vous aurez la direction du *midi* ou du *sud* ; prolongez cette ligne de l'autre côté du bâton, en suivant l'ombre : la direction opposée au midi est celle du **nord**. Enfin quand *le soleil se couchera* vous tracerez une ligne qui indiquera l'ouest, l'*occident* ou le *couchant*.

Le nord, le sud, l'est, l'ouest sont *les points principaux* qui permettent de s'orienter ; ils portent pour cette raison le nom de **points cardinaux**.

On peut aussi distinguer entre les points cardinaux des points secondaires : nord-ouest et nord-est ; sud-ouest et sud-est. Si, au moyen de flèches, l'on dessine, sur une feuille de papier, toutes ces directions, on fait *une rose des vents*.

## L'étoile polaire, la boussole.

Mais s'il est possible au voyageur de se diriger par un jour de beau temps, en observant la position du soleil, comment trouvera-t-il, *pendant la nuit*, les points cardinaux ?

*Si le ciel est pur*, il cherchera une constellation qui porte le nom de Grande Ourse ou de Grand Chariot. Il la reconnaîtra à sa forme qui est celle d'un chariot représenté par quatre étoiles disposées en rectangle ; en avant sont trois étoiles qui figurent les chevaux. Par une ligne imaginaire, il prolongera *cinq fois* la distance qui sépare les deux étoiles fermant le chariot à l'arrière. Il trouvera une étoile *plus brillante* que les autres : l'étoile polaire ; elle-même figure le cheval attelé à l'avant d'un chariot plus petit que le premier : *le Petit Chariot* ou *Petite Ourse*.

L'étoile polaire indique la direction du nord. Quand le voyageur la regarde, il a donc *le nord* devant lui, *le sud* derrière, *l'est* à sa droite et *l'ouest* à sa gauche ; il poursuit ainsi, sans crainte d'erreur, le chemin qu'il s'est fixé.

Cependant les étoiles peuvent, comme le soleil, *être cachées* par les nuages. Les marins ne pourraient donc pas s'éloigner des côtes et se hasarder en pleine mer, s'ils ne devaient se fier qu'à l'observation des astres.

Aussi ne se sert-on pratiquement, pour se diriger sur terre comme sur mer, que d'un instrument utilisable dans tous les cas : la **boussole**. Elle se compose d'une petite lame d'acier aimantée posée sur un pivot qui lui permet de tourner librement dans tous les sens. Cette lame ou aiguille dirige *toujours* une de ses extrémités vers *le nord*. Le pivot est fixé au centre d'un cadran sur lequel sont dessinées les directions du nord, du sud, de l'est, de l'ouest. Le tout est enfermé dans une petite boîte, vitrée de façon que l'on puisse suivre les mouvements de l'aiguille. La boussole fut connue en Europe au XV^e siècle.


========== *Résumé* ==========

S'orienter, c'est savoir reconnaître les points cardinaux :
— l'est ou le levant est le point où le soleil se lève ;
— l'ouest ou le couchant est le point où le soleil se couche ;
— le sud ou le midi, le point où le soleil se trouve à midi ;
— le nord, le point qui est exactement opposé au sud.



========== *Résumé* ==========

La nuit, l'étoile polaire, que l'on trouve en prolongeant la direction donnée par les deux dernières étoiles du Grand Chariot, indique la direction du nord ; l'est est à droite, l'ouest à gauche, le sud derrière. Mais en tout temps, on peut se servir de la boussole, petite boîte qui contient une aiguille aimantée dont la pointe se tourne toujours dans la direction du nord.

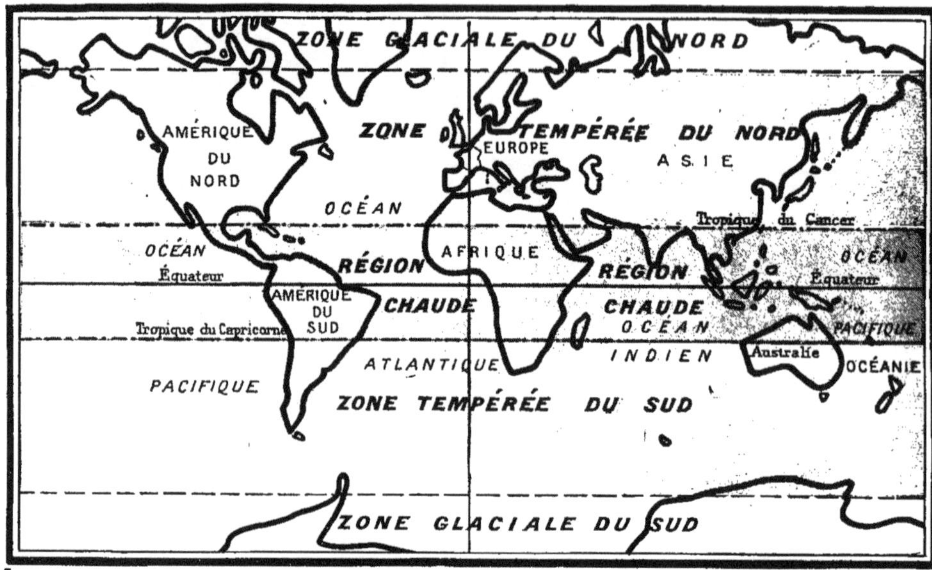


QUESTIONS SUR LA CARTE. — *1. Comment appelle-t-on l'océan qui sépare l'Europe et l'Afrique de l'Amérique ? — 2. L'Océan qui sépare le continent américain du continent asiatique ? — 3. L'Océan qui se trouve au sud de l'Asie ? — 4. Partez de* France *et revenez en* France *après avoir fait sur les océans le tour du monde : nommez les océans et les lignes (équateur, tropique) que vous traversez.*

ANIMAUX DES RÉGIONS CHAUDES : *Chameau et hippopotame d'Afrique, caïman d'Amérique.*

ANIMAUX DES RÉGIONS TEMPÉRÉES : *Élan du nord de l'Amérique, kangourous d'Australie, ours brun d'Europe.*

ANIMAUX DES RÉGIONS GLACIALES : *Ours blanc, manchots (oiseaux plongeurs et nageurs), phoques.*

*Les régions équatoriales, à la fois chaudes et humides, sont couvertes de forêts épaisses, impénétrables en certains endroits. Ce tronc d'arbre qui pourrit sur le sol, et dont le diamètre égale deux fois la taille d'un homme, donne une idée de la force de la végétation.*

*Est-il rien de plus triste, de plus désolé que cette immense étendue de sable et de pierres que l'on appelle désert du Sahara? Sous un soleil ardent qui brille dans un ciel sans nuages, on peut marcher des journées entières, sans trouver une goutte d'eau.*

## Les continents, les océans, l'atmosphère.

La surface du globe terrestre est répartie entre des continents et des océans. (Voir la carte de la page 20).

Les continents sont de vastes étendues de terre qu'il est possible de parcourir sans traverser les mers.

On peut, suivant leur forme, les diviser en trois grands groupes qui se terminent en pointe vers le sud : 1° l'*Amérique* ; 2° l'*Europe et l'Afrique* ; 3° l'*Asie et l'Australie*. Ils sont en grande partie situés dans l'hémisphère nord. Ils n'occupent qu'un peu plus du quart de la surface du globe. On distingue aussi l'*ancien continent* (Europe, Afrique, Asie) du *nouveau continent* (Amérique) découvert au XVᵉ siècle par Christophe Colomb ; avant cette époque, les hommes s'imaginaient qu'entre l'Europe et l'Asie il n'existait qu'une immense nappe d'eau, et c'est pour atteindre l'Asie en naviguant vers l'ouest que Colomb entreprit son voyage.

Les océans (apprenez leurs noms sur la carte) sont de vastes étendues d'eau salée ; ils recouvrent une superficie *trois fois* plus grande que celle des continents et l'on constate qu'ils sont répartis surtout dans l'*hémisphère sud*. L'océan *Pacifique*, par exemple, n'a que 90 kilomètres de large à son extrémité septentrionale, tandis qu'il baigne, dans sa partie sud, la moitié du globe.

L'air, ce gaz invisible que vous respirez et sans lequel vous ne pourriez vivre, s'élève à de très grandes hauteurs au-dessus de vos têtes ; mais il devient *plus rare* à mesure que l'on s'élève. L'énorme masse d'air qui entoure ainsi la Terre constitue l'*atmosphère* ; elle ne reste jamais immobile. Ses déplacements continuels forment les *vents*. Quelques-uns, comme le *mistral* dans le midi de la France, soufflent toujours dans la même direction. Mais la plupart sont *variables* en direction et en force ; ils acquièrent parfois une vitesse formidable et deviennent des *cyclones* auxquels rien ne résiste.

## Les animaux et les plantes à la surface des continents.

Voyez sur la carte la large bande rouge qui entoure la Terre comme une ceinture : elle montre où sont les régions chaudes. Vers le centre de ces régions, aux environs de l'*équateur*, il n'y a qu'une saison, l'*été* très chaud et très pluvieux, qui dure toute l'année. Cette région de notre globe est couverte par une immense *forêt* aux arbres gigantesques dont les branches s'entrelacent et forment un toit de verdure si épais que la lumière du soleil arrive rarement jusqu'au sol. Là vivent d'innombrables *serpents*, des insectes et des papillons aux formes étranges, des *rhinocéros*, des *éléphants* ; les rivières sont infestées de *crocodiles*.

Sur les bords de cette région chaude, près des lignes appelées *tropiques*, il y a *deux saisons*, chaudes toutes deux, mais l'une est *sèche*, l'autre *humide*. Dans ces régions tropicales s'étendent de grandes *prairies* de hautes herbes, piquetées de petites forêts. Le climat convient à la culture du *café*, du *thé*, du *riz*. On rencontre encore au voisinage des tropiques, sur les bords de la région chaude, de place en place, un certain nombre de *déserts*. Leur sol, formé surtout de *sable* et de *pierres*, ne nourrit aucune plante parce qu'il est *trop sec*. Le *lion*, la *gazelle*, le *chameau*, vivent seuls sur ces espaces désolés et arides.

Les deux larges bandes vertes sur la carte, l'une au nord, l'autre au sud de la région chaude, indiquent les *zones tempérées* ; celle du nord est celle que *nous habitons*. La chaleur et l'humidité suffisantes permettent la culture du *blé*, de l'*avoine*, de la *vigne*, de la *betterave*, et l'élevage des animaux domestiques : le *bœuf*, le *cheval*, l'*âne*, le *mouton*.

Le *froid éternel* couvre les *zones polaires* de glace et de neige. Aucune plante n'y pousse. L'*ours* blanc, le *phoque* et quelques oiseaux de mer en sont les seuls habitants.

=== Résumé ===

Les continents, vastes étendues de terre ferme, occupent un peu plus du quart de la surface du globe.

Les océans, immenses étendues d'eau salée, recouvrent une superficie trois fois plus grande que celle des continents. L'atmosphère est la masse d'air qui entoure la Terre ; ses déplacements continuels constituent les vents dont la plupart sont variables en direction et en vitesse.

=== Résumé ===

De l'équateur aux pôles, on distingue : la zone équatoriale, très chaude et très humide, couverte par la grande forêt vierge ; les zones tropicales, aux deux saisons chaudes, l'une sèche, l'autre humide ; les zones tempérées, dont le climat est favorable au travail de l'homme ; les régions polaires où règne un froid éternel. — Les déserts sont de vastes plaines, au sol aride et sec et sans végétation.

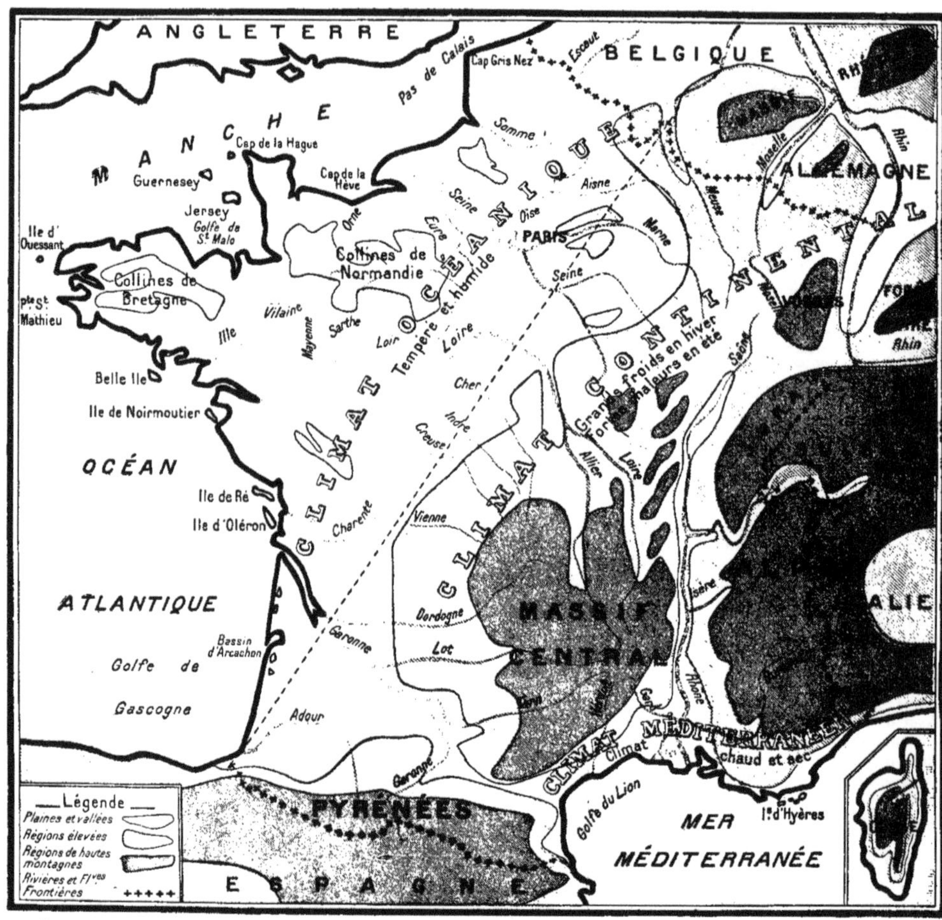




LECTURES. — **Le jardin du monde.** — La France est un magnifique jardin que l'on ne se lasse jamais de parcourir. Tous les paysages du monde sont rassemblés sur son sol : côtes monotones et plates de la mer du Nord, côtes sauvages et majestueuses de la Bretagne, côtes attirantes et ensoleillées de la Méditerranée, riches plaines de la Beauce, plateaux arides et pittoresques des Causses, ballons des montagnes vosgiennes couverts de sapins, pics altiers des Pyrénées toujours blancs sous leurs neiges éternelles, sommets imposants et glaciers gigantesques des Alpes. Et partout un accueil aimable, des mains promptement tendues, des sourires sur les visages. Aussi les étrangers aiment-ils à venir dans un pays où tout les attire, où rien ne les repousse, et qui devient pour beaucoup d'entre eux une seconde patrie.

**Les frontières de la France.** — On compare souvent la forme de la France à celle d'une figure à six côtés, ou hexagone. Trois de ces côtés sont baignés par des mers ; deux sont formés par de hautes montagnes : au sud, les Pyrénées ; à l'est, les Alpes, que prolongent le Jura et les Vosges. Ces obstacles naturels constituent la meilleure des protections contre une attaque ennemie. Il reste cependant tout un côté, celui du nord-est, où la frontière n'est marquée que par une ligne de bornes en pierre sur un pays de plaines ou de plateaux : les Allemands entrèrent par là en 1914. C'est d'ailleurs de ce côté que la France fut le plus souvent envahie à différentes époques de son histoire : au v° siècle, au début des guerres révolutionnaires, en 1814, en 1870. Le Nord-Est est la région des champs de bataille.

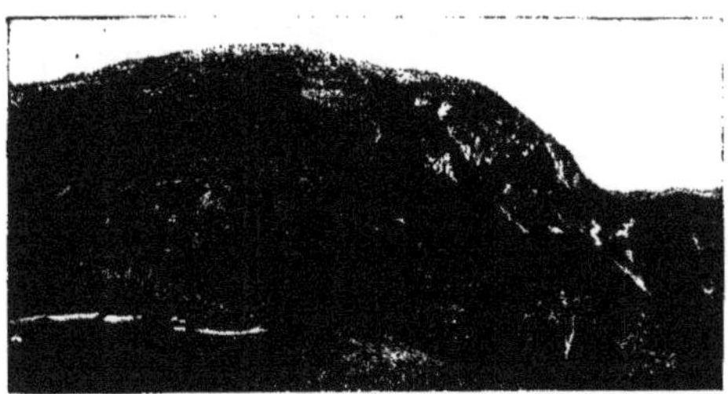

Certaines montagnes de la France, comme les **Vosges**, ont été formées des milliers de siècles avant d'autres, comme les Pyrénées. Les sommets de ces vieilles montagnes, lentement usés par les pluies, par les gelées, ont pris des formes arrondies. C'est pourquoi on les appelle des **ballons**.

Le relief, constitué plus récemment, est celui des montagnes jeunes, telles les **Alpes** et les **Pyrénées**. Les sommets sont plus hauts et les formes plus nettes : ici, point de lignes courbes, mais des lignes droites qui se rencontrent à angles aigus pointés vers le ciel.

Cette source, au débit modeste, donne cependant naissance à un grand fleuve, la **Loire**. Elle voit le jour dans les pâturages d'une montagne peu élevée, le Gerbier-de-Joncs (1.562$^m$), un des sommets de la chaîne des Cévennes.

Mais voyez ce qu'est devenu le mince filet d'eau qui sort de la source quand, devenu fleuve, après avoir parcouru 1.000 kilomètres, il se jette dans l'océan **Atlantique**. Son estuaire atteint 10 kilomètres de largeur.

Quand la tempête souffle sur les côtes de l'océan **Atlantique**, des vagues énormes, venues du large, viennent se briser sur tous les obstacles. Elles se dressent quelques secondes, hautes comme des maisons à plusieurs étages.

## Les montagnes, les fleuves, le climat de la France.

Voyez sur la carte de la France une ligne qui va du golfe de Gascogne au point où la Meuse sort de France. Au sud-est de cette ligne se trouvent presque toutes les *montagnes*, au nord-ouest presque toutes les *plaines*.

Le **Massif central** est, au centre de la France, un vaste et haut plateau que surmontent des dômes, anciens volcans qui couvrirent autrefois cette région de laves et de cendres. Les autres montagnes s'élèvent le long de nos frontières ; les **Vosges** dont les sommets arrondis, « les ballons » couverts de sapins, dominent la frontière qui suit le Rhin en Alsace ; le **Jura**, formé de plusieurs chaînes parallèles ; les **Alpes**, qui ont de hauts et puissants sommets couverts de neiges éternelles, comme le mont Blanc (4.808 m.) ; les **Pyrénées**, dont les « pics » dressent leurs pointes vers le ciel.

De ces montagnes partent des fleuves qui arrosent des plaines larges et fertiles : la **Loire** prend sa source dans le Massif central, la **Garonne** dans les Pyrénées, le **Rhône** dans les Alpes. Mais ces trois fleuves, ou leurs affluents, ne sont guère utilisés par les bateaux : parfois leur cours, comme celui du Rhône, est trop rapide ; parfois, comme la Loire, ils sont à sec en été ou ils inondent leurs rives en hiver. Seule, la **Seine** est navigable en toutes saisons ; elle ne prend pas sa source dans une haute montagne, mais sur une modeste colline de la Côte-d'Or. (Tous ces fleuves ont des affluents importants ; *apprenez-les sur la carte :* rive droite, rive gauche.)

La France n'a pas à supporter *des hivers trop rigoureux :* la neige ne recouvre pas son sol pendant des mois entiers, la glace ne bloque pas ses rivières ; elle n'a pas *d'étés dont la chaleur excessive* empêche le travail de l'homme ; elle ne connaît pas d'autre part les pluies continuelles. Froid, chaleur, pluies sont en effet bien répartis sur notre sol et restent toujours supportables. La France jouit d'un climat tempéré.

=== *Résumé* ===

A l'est, au centre, au sud, la France est couverte de montagnes : le Massif central et les Vosges où dominent les dômes et les ballons, le Jura aux chaînes parallèles, les Alpes et les Pyrénées aux sommets élevés. — Quatre grands fleuves, dans lesquels se déversent de nombreux affluents, arrosent le pays : la Seine, au cours régulier et tranquille ; la Loire, la Garonne, le Rhône dont le débit est inégal. La France jouit d'un climat tempéré.

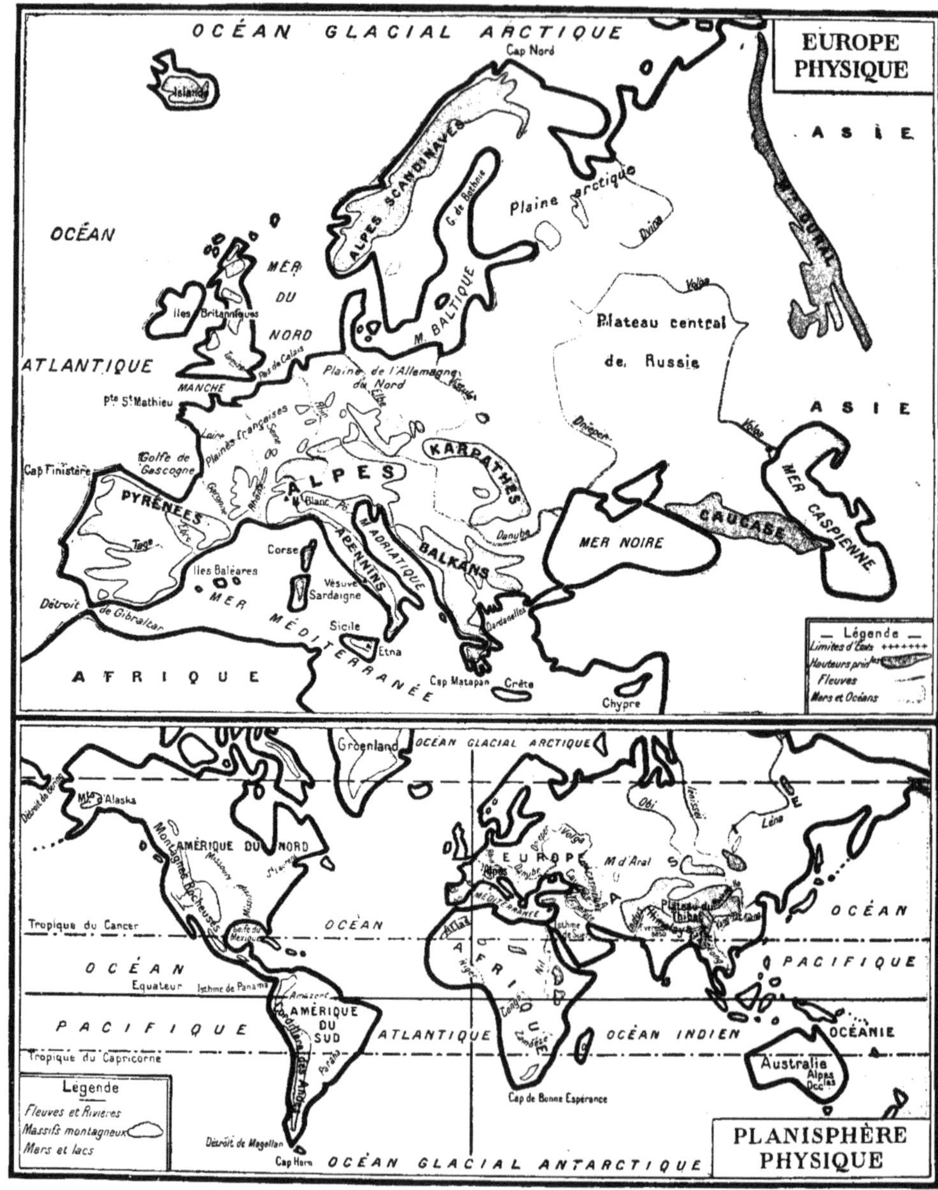



QUESTIONS SUR LA CARTE. — *1. Quelles sont les mers (ou océans) qui entourent l'Europe ? — 2. Quels sont les principaux caps, golfes, îles que vous trouvez le long des côtes ? — 3. Quels sont les principales montagnes, les principaux fleuves d'Europe ? — 4. Quelle est la plus haute montagne et quel est le plus long fleuve du monde ?*

*Tout à fait au nord de la presqu'ile scandinave, une falaise d'une prodigieuse hauteur s'avance dans la mer : c'est le cap Nord qui marque l'extrémité septentrionale de l'Europe. Le soleil de minuit s'y montre en été.*

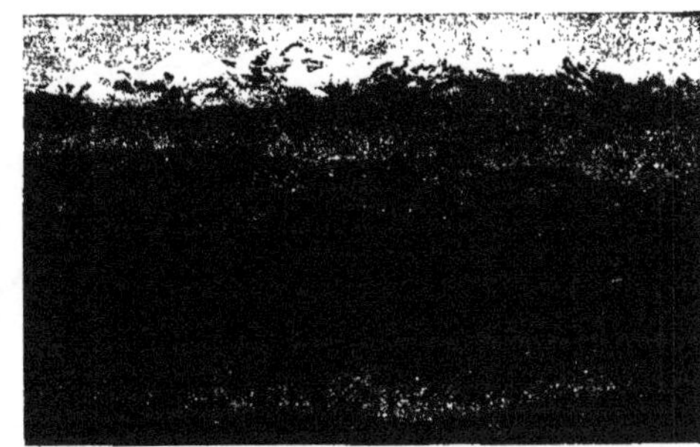

*Le plus important massif montagneux du globe, l'Himalaya, se présente formé de plusieurs lignes de hauteurs parallèles séparées par des vallées longues et profondes que dominent les sommets couverts de glace.*

## La nature en Europe.

La France fait partie d'un ensemble de terres vingt fois plus grand qu'elle : l'Europe.

L'Europe est baignée au nord par l'océan Glacial Arctique, bloqué par les glaces pendant 7 à 8 mois de l'année ; à l'ouest par l'océan Atlantique que traverse un courant d'eau chaude ; au sud par la Méditerranée, dont l'eau plus salée paraît plus bleue que celle des autres mers.

L'Europe présente, au point de vue du relief, la disposition que nous avons constatée en étudiant la France : les plaines s'étalent du nord-ouest au nord-est et les montagnes s'élèvent au sud et au sud-est. Il serait facile de tracer une ligne séparant les régions basses des régions élevées.

Les montagnes des Alpes barrent de leurs sommets neigeux tout le centre de l'Europe ; les Karpathes les prolongent à l'est et les Apennins au sud, achevant ainsi le dessin d'un immense arc de hautes terres. — Les monts Ourals séparent l'Europe de l'Asie.

Les fleuves français paraissent bien petits quand on considère le Danube (3 fois et demie plus long que la Seine) qui traverse toute l'Europe centrale, ou les grands fleuves, comme le Volga, qui arrosent des plaines fort étendues. Mais l'importance d'un fleuve ne se mesure pas toujours à sa longueur, et le nom de la Tamise, par exemple, est connu dans le monde entier.

Le *nord* de l'Europe a un climat *très froid, très humide :* l'hiver y est long, rigoureux. Le *sud*, et en particulier le littoral de la mer Méditerranée, a un climat *chaud et sec :* celui d'un été ou d'un printemps perpétuel. Entre ces extrêmes, la position de chaque pays par rapport à la mer, — qui fait les saisons tempérées et humides, — et par rapport au soleil, dont les rayons sont plus chauds au sud qu'au nord, donne toute une série de climats différents. Mais dans l'ensemble, le climat de l'Europe, comme celui de la France, est modéré.

## La nature dans le monde.

L'Asie, l'Afrique, l'Amérique et l'Océanie forment, avec l'Europe, les *cinq parties du monde.*

L'isthme de Suez, étroite bande de terre qui relie l'Afrique à l'Asie, a été, dans la seconde moitié du XIX$^e$ siècle, percé par un canal : le continent africain est donc aujourd'hui une île immense.

Le nord de l'Asie comprend surtout des *plaines,* le centre et le sud des *plateaux élevés* et des *montagnes.* C'est en Asie que s'élèvent les plus hautes montagnes du globe : le *mont Everest,* dans l'*Himalaya,* atteint 8.840 mètres.

Le *désert du Sahara* s'étend sur toute la partie nord de l'Afrique, dont le centre est couvert de plateaux et de montagnes.

En Amérique, une chaîne de montagnes s'étend sur une longueur de 18.000 kilomètres en *bordant la côte ouest ;* les plaines se trouvent à l'est.

L'Océanie est un groupe d îles.

De grands fleuves aussi, dont la longueur et le débit sont souvent supérieurs à ceux des fleuves de l'Europe, arrosent les différentes parties de la terre. En Asie, le *Yang-tse-Kiang,* — en Afrique, le *Nil,* — en Amérique, le *Mississipi-Missouri,* atteignent respectivement six, huit et neuf fois la longueur de la Seine.

Des terres qui s'étendent des abords du pôle nord à ceux du pôle sud, et qui sont traversées par l'équateur, ont évidemment des climats fort différents. Les plaines du nord de l'Asie ont un hiver très long et très rigoureux, les régions du sud un climat chaud et humide. L'Afrique, en son milieu, a un climat très chaud et, à ses extrémités, un climat tempéré, analogue à celui de la France. L'Amérique connaît toutes les variétés de climat : le climat *chaud et humide* dans les régions *équatoriales,* le climat *froid* des contrées *polaires,* surtout à l'extrême nord ; entre les deux, un climat tempéré.

═══════════════ *Résumé* ═══════════════

La France est vingt fois plus petite que l'Europe dont elle fait partie. — L'Europe est dominée, surtout dans le sud, par de hautes montagnes : les Alpes, les Karpathes, les Apennins, les monts Ourals ; elle est arrosée par de grands fleuves : le Danube, le Rhin, le Volga. — Le climat de l'Europe est froid et humide dans le nord, chaud et sec au sud ; dans l'ensemble, il est tempéré comme celui de la France.

═══════════════ *Résumé* ═══════════════

L'Europe est une des cinq parties du monde : les quatre autres sont l'Asie, l'Afrique, l'Amérique et l'Océanie. Le mont Everest, en Asie, est la plus haute montagne du globe (8.840 mètres) ; le Mississipi-Missouri, dans l'Amérique du Nord, en est le fleuve le plus long. En raison de son étendue, chacune des cinq parties du monde connaît des climats fort différents : froids, tempérés, chauds.

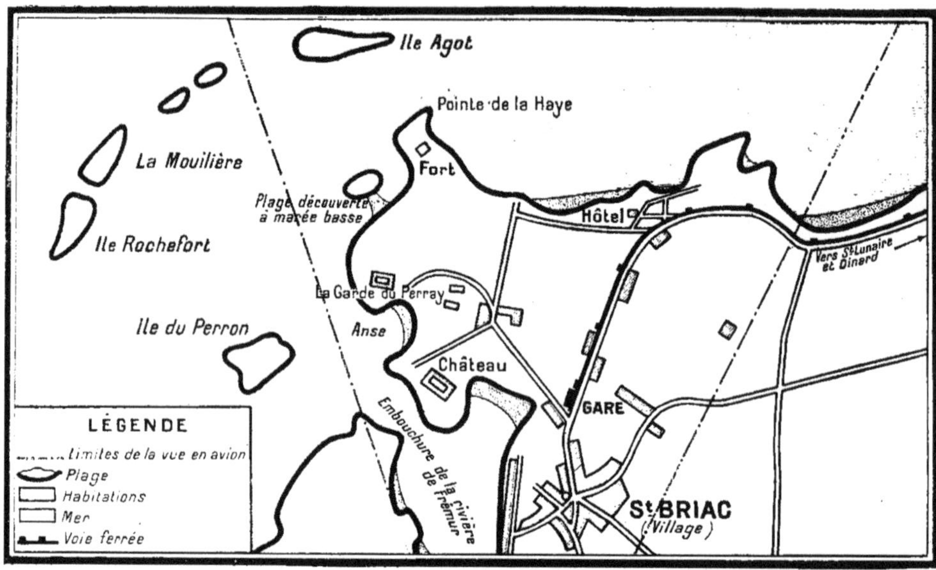



*Le premier sujet d'étude qui a été abordé dans les pages qui précèdent est la forme générale des continents et des mers. Vous avez appris comment cette forme est représentée à l'aide de dessins appelés cartes, sur lesquels on trace tout d'abord les côtes ou le littoral. La carte ci-dessus représente, à titre d'exemple, une partie des côtes de Bretagne, près de Saint-Briac.*

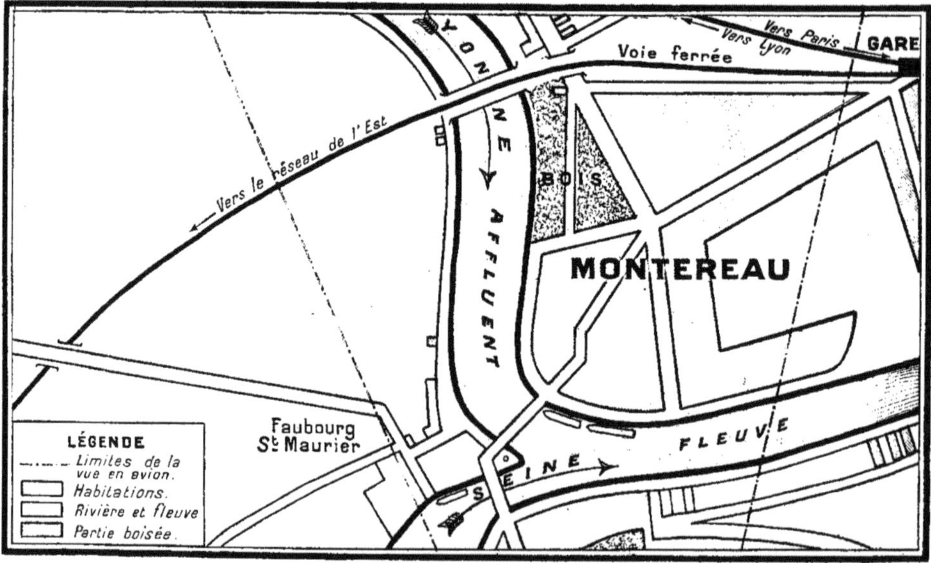



*La carte ci-dessus représente le confluent de l'Yonne et de la Seine à Montereau. Comparez-la, ainsi que la précédente, avec la photographie correspondante. Les différences que vous remarquerez viennent du fait que la vue en avion a été prise à une faible hauteur et obliquement ; tandis qu'une carte est supposée représenter le pays tel qu'on le verrait d'un point très élevé directement sous les pieds de l'observateur.*

LA CÔTE A SAINT-BRIAC PRÈS DE SAINT-MALO. VUE PRISE EN AVION

**EXERCICE.** — *Reconnaître sur cette vue et en s'aidant de la carte de la même région, placée en regard, à la page précédente : une île, un cap, une presqu'île, une baie, une anse, un estuaire, un isthme, et (sur la carte seulement) un archipel.*

LE CONFLUENT DE L'YONNE ET DE LA SEINE A MONTEREAU. VUE PRISE D'UN POINT ÉLEVÉ

**EXERCICE.** — *Dire, à l'aide de la carte placée en regard, de quel côté sont les sources de l'Yonne et de la Seine ; de quel côté est l'embouchure du fleuve ; reconnaître la rive gauche et la rive droite de chacun des deux cours d'eau ; dire si l'Yonne est un affluent rive droite ou un affluent rive gauche de la Seine. Le pont du chemin de fer est-il en aval ou en amont du confluent ?*

*Dans les régions au climat humide, le toit des maisons présente souvent une grande surface et une forte pente pour permettre un écoulement rapide des eaux de pluie.*

*Dans les régions au climat sec, où les pluies sont rares, les architectes donnent moins d'importance au toit; ils réduisent la surface et en diminuent l'inclinaison.*

*Sous le soleil torride du désert africain, dans des contrées qui restent des mois, des années sans recevoir une goutte d'eau, les maisons ont des terrasses. La porte d'entrée est la seule ouverture qui donne sur la rue.*

*Des châssis très légers en bois sur lesquels on peut tendre à volonté des feuilles de papier, — voilà des murs suffisants pour les maisons du Japon, pays où les tremblements de terre sont fréquents.*

LECTURES. — **Habitations souterraines.** — Il existe encore en France, dans les vallées de la Seine et de la Loire en particulier, des habitations souterraines. Elles sont souvent creusées dans la craie, roche tendre, facile à travailler. Quelques-unes ne servent plus qu'à remiser les outils, les voitures, les charrettes. Mais d'autres abritent des familles entières : elles se composent souvent de deux pièces : la première qui prend jour sur la rue par une fenêtre et une porte encastrées dans une façade grossièrement taillée ; la seconde qui est complètement souterraine. — Les soldats de la Grande Guerre ont aussi creusé dans la terre des refuges qu'ils consolidaient avec de grosses poutres ; ils y étaient à l'abri des obus quand le service de garde ne les appelait pas aux tranchées de première ligne.

**Maisons sans fenêtres et maisons en papier.** — En certaines contrées, la chaleur du soleil est si forte que les habitants cherchent, par la disposition de leurs maisons, à s'en préserver le plus possible. Ils n'ouvrent aucune fenêtre dans les murs extérieurs et prennent l'air et la lumière sur une cour intérieure de forme carrée. Le toit, puisqu'il ne pleut que très rarement, devient inutile ; il est remplacé par une terrasse sur laquelle on vient prendre le frais, aux premières heures de la nuit. — Au Japon, composé de grandes îles sur les côtes d'Asie secouées très souvent par des tremblements de terre, beaucoup de maisons n'ont qu'une charpente légère aux murs en bois et même en papier : si elles sont détruites, leur écroulement est peu dangereux et elles sont vite reconstruites.

*La maison des trappeurs (chasseurs de bêtes a fourrures) du Canada est bâtie en troncs d'arbres épais. Le bois protège bien contre le froid dans ces pays où les hivers sont rudes.*

*Les nègres du centre de l'Afrique habitent dans de simples huttes en paille. Ces maisons primitives ont un avantage, c'est qu'elles peuvent assez facilement être transportées par les habitants aidés de leurs voisins.*

## L'histoire des hommes.

Une maison vous abrite de la pluie et du vent, des vêtements vous protègent contre le froid, votre mère prépare les aliments qui apaisent votre faim. Ne seriez-vous pas malheureux si vous étiez privés de ces bienfaits ? Tel fut cependant le sort des premiers hommes qui vécurent sur la Terre.

Ils cherchaient un *abri* dans les *grottes* et les *cavernes* naturelles creusées au flanc des collines et des montagnes ; ils se défendaient contre les bêtes féroces avec des *haches* qu'ils taillaient dans la pierre ; ils mangeaient la chair crue des animaux qu'ils tuaient, et se vêtaient de leur peau.

Ils apprirent alors à faire du feu, à construire des *huttes* dont les murs étaient d'argile, et le toit de paille et de branchages, à fondre du *bronze* dont ils firent des armes solides. Ils utilisèrent ensuite les services des animaux les plus dociles qui devinrent leurs serviteurs et leurs compagnons, vivant avec eux dans la maison : les *animaux domestiques.*

Les hommes de cette époque construisirent souvent leurs habitations sur des *troncs d'arbres* enfoncés dans la vase des lacs et des étangs. Ils passaient sur de grosses planches de la rive à leur seuil ou d'une hutte à l'autre ; pendant la nuit les passages étaient supprimés et l'on ne craignait pas ainsi les attaques des bêtes sauvages ou des ennemis.

Puis, sachant mieux se défendre, les hommes se groupèrent au *bord des rivières*, dans les *bois*, ayant ainsi à leur portée le poisson et le gibier. Ils défrichèrent les forêts, apprirent à cultiver la terre et à lui faire produire du blé, de l'avoine, du lin. Leur existence, si malheureuse pendant des milliers de siècles, peut alors se comparer à celle que nous vivons aujourd'hui ; mais les guerres continuelles de villages à villages, les invasions de peuples que la misère poussait d'un pays à l'autre, la rendaient néanmoins fort précaire.

## Les maisons.

Les hommes eurent enfin l'idée de tailler les blocs de calcaire et de pierre qu'ils trouvaient à la surface du sol ou à une faible profondeur sous la terre, et en bâtirent des *murs solides.* Le nombre des pièces se multiplia et, sur le rez-de-chaussée, s'élevèrent un ou plusieurs *étages.*

Les maisons actuelles sont construites sur des plans différents : la vôtre ne ressemble probablement pas à celle de votre voisin. Cependant, dans une même région, elles ont un air de famille.

Quand le sous-sol est riche en matériaux de construction, les habitants les emploient par économie, pour éviter des frais de transport. Dans le pays où l'*argile* abonde, on en fait des briques : et les murs des maisons sont rouges ; si le *calcaire* domine, on en scie des blocs : et les maisons sont blanches ; si la *lave des volcans* est épaisse, on la débite en morceaux : et les maisons sont grises... Y a-t-il des carrières d'*ardoise* ? — les toits des maisons seront noirs ; mais y a-t-il encore de l'argile ? — on en fera des *tuiles ;* les toits des maisons seront rouges.

Briques et pierres pour les murs, bois pour les charpentes, voilà les matériaux qui, depuis des siècles, ont servi à la construction des maisons. Mais, de nos jours, on remplace volontiers le bois par le fer et les briques par du *ciment ;* ce mode de construction, tout en assurant une grande solidité aux édifices, diminue les risques d'incendie et permet un travail rapide. Il a été notamment employé pour la construction de ces maisons américaines à vingt ou trente étages, si hautes qu'on les appelle des « gratte-ciel ».

Le climat peut influer sur la forme des maisons. Quand il pleut souvent, les toits forment un angle aigu pour que la pluie s'écoule rapidement. Quand les vents sont violents, l'angle des toits s'aplatit pour offrir moins de surface et moins de prise à la tempête. L'inclinaison du toit varie aussi suivant que les tuiles employées à sa construction sont creuses ou plates.

================= *Résumé* =================

Les premiers hommes vécurent dans des cavernes, se défendant contre les bêtes féroces avec des haches de pierre. Ils apprirent ensuite à construire des huttes qu'ils élevèrent d'abord sur pilotis, à la surface des étangs et des lacs. Puis sachant faire du feu et utiliser les services des animaux, ils groupèrent leurs habitations dans les forêts, au bord des rivières.

================= *Résumé* =================

Les hommes apprirent ensuite à édifier des maisons en pierres ou en briques à un ou plusieurs étages.

L'aspect des maisons actuelles varie suivant les matériaux de construction employés (pierres, briques, tuiles, ardoises) et les conditions du climat (pluies et vents).

Enfin la destination des maisons entraîne aussi dans leur construction de grandes différences.

*Les petits villages se sont très souvent bâtis le long d'une grande route qui leur sert en même temps de rue principale. La circulation des automobiles vient y donner de l'animation et fait faire un peu de commerce à la petite épicerie et à la modeste auberge de l'endroit.*

*Voici la mairie d'un petit village : elle ne comporte qu'une seule pièce où se réunit le conseil municipal quand il doit s'occuper des affaires de la commune ; le maire y procède aussi à la célébration des mariages. Les bâtiments plus importants que l'on voit derrière sont ceux de l'école.*

*Le bureau de poste met le village en communication avec le reste du monde ; non seulement il se prête à l'envoi et à la réception de nouvelles par poste, télégraphe ou téléphone, mais encore au paiement et à l'encaissement de sommes d'argent. C'est là qu'est la Caisse d'épargne postale.*

*Les gendarmes peuvent être chargés de poursuivre et d'arrêter les criminels, les voleurs ou les vagabonds ; mais ils ont encore à faire respecter les règlements concernant la chasse et la pêche, la circulation sur les routes, et à transmettre les ordres se rapportant au recrutement militaire.*

LECTURES. — **Le petit village.** — Tout semble dormir dans le petit village, sous le soleil de cet après-midi de juillet. Les volets gris des maisons aux façades blanches sont clos : hommes et femmes, jeunes et vieux, travaillent dans les champs où les occupe la moisson. Pas un cri, pas un appel : rien ne trouble le silence. Les oiseaux eux-mêmes se taisent, blottis à l'ombre des feuilles. La route ne s'animera qu'au passage rapide et bruyant des écoliers joyeux qui courent et se poursuivent à la sortie de la classe. A la nuit tombante, les habitants rentreront, fatigués par le rude labeur qu'ils ont mené de l'aube au soir, sans autre repos que l'heure du déjeuner, suivie d'une courte sieste. Aussi, après avoir pris un repas frugal, iront-ils se coucher, pour recommencer le lendemain avant le lever du soleil leur existence utile et paisible.

**Le budget de la commune.** — La grande préoccupation du maire et des conseillers municipaux, c'est d'équilibrer le budget. D'une part, la commune reçoit de chacun des habitants, quand ils ont payé leurs impôts, une certaine somme d'argent ; de l'autre, elle fait des dépenses : elle paie le garde champêtre, — elle achète des cailloux pour l'entretien de ses routes, — des tables, des cartes, des livres pour son école, etc. — Mais il faut que le total des dépenses ne dépasse pas celui des recettes, car alors le budget serait en déficit. Pour payer ses dettes, la commune serait obligée de faire un emprunt : c'est d'ailleurs par ce moyen qu'elle se procure de l'argent quand elle doit entreprendre de grands travaux. Le maire est aidé dans son travail d'administration par un secrétaire de mairie qui, dans les petites communes, est presque toujours l'instituteur.

*Au milieu des champs cultivés, les maisons des villages de la plaine se sont alignées au long des routes, se sont bâties dans les vallées des rivières, ou se sont groupées autour des sources.*

*Accroché aux versants couverts de neige, ce petit village de la montagne — quelques maisons de bois autour d'une église — semble dormir. Pour aller d'une maison à l'autre, on a creusé des tranchées dans la neige.*

## Les villages.

L'eau est indispensable à la vie des hommes et des animaux. — Si l'on observe une carte de France très détaillée, on constate que dans les régions où le sol est imperméable, comme en Bretagne, par exemple, les maisons se trouvent disséminées à travers toute la campagne : on trouve en effet dans la multitude de ruisselets qui courent sur le granit l'eau nécessaire à l'alimentation des hommes et des bestiaux. En Champagne au contraire, l'eau des pluies s'infiltre, aussitôt tombée, dans la craie perméable : elle réapparaît ensuite en grosses sources autour desquelles les maisons se pressent.

Mais la présence de l'eau n'est pas la seule raison qui pousse les hommes à grouper leurs maisons ; ils cherchent aussi d'autres avantages, que procure la vie en commun.

Voici un village de quelque importance : le clocher d'une petite église, avec son coq servant de girouette, le signale de loin. Une *route principale* le traverse ; à droite, à gauche, sont des sentiers qui conduisent aux maisons construites à la lisière des champs.

Nous passons devant l'*école* où les enfants sont instruits gratuitement. De plus en plus, elle devient le centre du village : les adolescents y reviennent, au cours des soirées d'hiver, compléter leurs connaissances; ils y entendent, le dimanche, des conférences instructives ou y organisent des matinées récréatives. Adultes, ils y retournent pour demander à leur ancien maître les conseils dont ils ont besoin. Nous voyons la *boutique* de l'épicier ; mais il arrive que son propriétaire soit en même temps boulanger, charcutier, marchand de tabac, de bois, de charbon. A côté sont installés le *forgeron* qui ferre les chevaux et répare les machines agricoles, le *menuisier* qui est aussi, lorsque l'occasion s'en présente, charpentier ou ébéniste. Voici, scellée dans le mur de l'école, la *boîte aux lettres* où, chaque matin, le facteur lèvera les correspondances qu'on y aura déposées la veille.

## Les communes et les cantons.

Le village et les terres qui l'entourent forment le plus souvent une **commune**.

Les habitants s'occupent de cultiver leurs terres, de vendre leurs récoltes, d'entretenir leur maison en bon état ; ils veillent à leurs intérêts particuliers. Mais qui s'occupera de faire réparer les routes, blanchir les murs de l'école, etc. ? Ce sont là des affaires qui n'intéressent plus seulement une personne, mais tout le monde, des *affaires communes*, des affaires de la commune.

Pour s'en occuper, les habitants désignent tous les quatre ans un certain nombre d'entre eux (12 à 36), âgés d'au moins viingt-cinq ans : les *conseillers municipaux*. Mais comme les conseillers municipaux ne peuvent se réunir continuellement, ils choisissent parmi eux un homme qui aura la direction permanente des affaires communales : le *maire*.

Le maire, premier magistrat de la commune, exerce d'importantes fonctions. Comme officier de l'État civil, il assure l'inscription, sur des registres spéciaux, des actes de naissance et de décès ; il célèbre les mariages. Comme officier de police judiciaire, il doit maintenir l'ordre public ; en cas de troubles, il demande le concours de la gendarmerie et de l'armée, afin que soient respectés les personnes et les biens de ses administrés. Suivant l'importance de la commune, il est assisté d'un ou de plusieurs adjoints.

Il y a en France *36.000 communes* d'importance bien différente : les unes ont quelques dizaines d'habitants, les autres des centaines de mille.

Plusieurs communes constituent un *canton* ; l'une d'elles, la plus grande souvent, est le *chef-lieu de canton*. Là réside : un juge de paix qui s'efforce de réconcilier les gens qui ne sont pas d'accord, de faire régner la paix entre eux ; un agent voyer chargé de l'entretien des chemins, des voies de communication. On y trouve aussi une brigade de gendarmerie.

=============== *Résumé* ===============

La réunion d'un certain nombre de maisons forme un village qui s'établit souvent autour d'un centre d'eau potable. — Mais en groupant leurs habitations, les hommes s'assurent d'autres avantages ; une école pour leurs enfants, — des magasins pour leur alimentation, — une forge, un atelier de menuiserie pour les réparations urgentes.

=============== *Résumé* ===============

Le village et les terres qui l'entourent forment une commune qui est administrée par un maire assisté d'un conseil municipal. — Le maire s'occupe de toutes les affaires qui intéressent l'ensemble des habitants de la commune. Plusieurs communes constituent un canton. Au chef-lieu se trouvent une justice de paix, une brigade de gendarmerie.

*Certains quartiers de Paris présentent toute la journée l'animation dont cette gravure donne une idée : autobus, automobiles, voitures tirées par des chevaux, etc., passent ainsi sans arrêt sur la place de l'Opéra.*

*Le Louvre, qui fut longtemps le palais des rois de France, est maintenant un musée contenant des œuvres d'art de tous les temps et de tous les pays. Cette façade du palais est ornée d'une magnifique colonnade.*

*Cette tour métallique, haute de 300 mètres, fut bâtie par l'ingénieur Eiffel pour l'Exposition universelle de 1889. Un ascenseur conduit au sommet d'où l'on contemple dans toute son étendue l'agglomération parisienne.*

*L'église Notre-Dame de Paris, une des plus belles cathédrales du moyen âge, est bâtie sur l'île de la Cité. Les promeneurs des bords de la Seine voient de très loin ses deux hautes tours.*

LECTURES. — **L'approvisionnement d'une grande ville.** — Pour assurer son approvisionnement, la ville de Paris a créé des établissements importants ; ainsi, le marché aux bestiaux de la Villette, les Halles centrales, les entrepôts pour les vins et les alcools. Les marchés des quartiers, les marchands ambulants et des quatre saisons qui, poussant devant eux leur petite voiture, crient leurs denrées d'une voix sonore, assurent la distribution alimentaire... Il faudrait ajouter la foire aux jambons, instituée par Philippe Auguste (1222), et la foire aux pains d'épices dont l'origine se perd dans la nuit des temps. C'est aux Halles qu'il faut aller pour se faire une idée de ce que mange chaque jour la capitale : des quantités énormes de légumes, de fruits, de poisson, de beurre, d'œufs, de volailles, quotidiennement achetées par la foule des revendeurs, des restaurateurs et des ménagères.

**Le « Métro ».** — Le sous-sol de la capitale est creusé de tunnels dans lesquels roulent constamment de petits trains chargés de voyageurs. Êtes-vous pressé ? La descente de cet escalier de pierre qui s'ouvre sur le trottoir vous donne accès dans une large salle voûtée, bien éclairée par de nombreuses lampes électriques. Deux quais, deux voies ferrées parallèles. Une rame de wagons va s'arrêter devant vous. Vous monterez bien vite dans un des compartiments, car l'arrêt ne dure guère plus d'une minute. Un coup de sifflet, et voilà le petit train qui s'engage à vive allure sous la voûte du tunnel ; il vous conduira rapidement à destination, car il ne trouve jamais devant lui ces embarras de voitures qui, dans les rues, arrêtent la circulation et occasionnent, dans la marche des autobus et des tramways, de fâcheux retards. — Mais vous ne verrez rien en cours de route que des murs grisâtres couverts d'affiches.

*Voici une ville antique, Rome, en Italie. Les maisons y sont entourées de ruines de monuments anciens, les colonnes d'un temple, plus loin une église de la Renaissance : partout des débris qui rappellent un lointain passé.*

*Et voici au contraire une ville toute moderne, San Francisco, aux États-Unis, des voies droites et larges, des maisons de dix et douze étages, une circulation intense, mais rien qui éveille des souvenirs historiques.*

## Les villes.

Au croisement de certaines routes très fréquentées, au confluent des rivières navigables, des villages *ont grandi* rapidement. Ils sont devenus des villes. Ici les maisons se serrent les unes contre les autres et, parce que le terrain coûte très cher, on les bâtit couramment à quatre, cinq ou six étages.

Comme le nombre des habitants est élevé, le peu d'argent qu'ils donnent chacun pour contribuer aux dépenses communes finit par faire une grosse somme. Le maire peut ainsi entreprendre *des travaux qui seront utiles à tous*. Il fait paver et nettoyer les rues, creuser des égouts qui entraîneront au loin les eaux sales des ruisseaux, ramasser les ordures ménagères, etc. Il paye des agents de police chargés de veiller à la sécurité des habitants, des jardiniers qui entretiennent les grands parcs publics aux allées fleuries et ombragées où chacun peut aller s'asseoir.

Des compagnies construisent des lignes de tramways sur lesquelles des voitures rapides conduisent les voyageurs à travers la ville ; d'autres envoient dans chaque maison, par un système très compliqué de tuyaux ou de fils, l'eau, le gaz, l'électricité.

Ces avantages offerts à tous ne sont pas seuls à attirer les hommes vers les villes ; ils y rencontrent aussi *des commodités particulières*. La facilité des communications leur permet de se procurer plus rapidement qu'ailleurs les matériaux de construction, la farine, le vin, la viande de boucherie, le bois, le charbon. Ils sont à peu près assurés de trouver toujours du *travail bien payé* ou, en faisant du commerce, de réaliser de beaux bénéfices.

Mais *on dépense* plus d'argent à la ville qu'à la campagne ; on y vit plus à l'étroit ; on y respire aussi un *air moins pur*. Et souvent ceux qui ont quitté leur village natal regrettent bientôt le bonheur qu'ils ont perdu.

=========== *Résumé* ===========

*Des villages ont grandi, le nombre de leurs maisons a augmenté ; ils sont devenus des villes.*

*Les habitants des villes, les citadins, jouissent de nombreuses commodités que ne connaissent pas toujours les campagnards : rues pavées et propres, grands jardins publics, tramways, eau, électricité, nombreuses distractions. Mais il leur manque l'air pur et la tranquillité de la vie à la campagne.*

## Paris.

**Paris est la capitale de la France.** Ce n'est pas la plus grande ville du monde, mais c'est la plus belle et la plus accueillante.

Quelle récompense pour vous si, après une année de bon travail scolaire, vos parents vous y conduisaient pendant les vacances ! (Voir p. 35.)

Vous arriveriez dans une grande gare, sous un immense toit vitré. Vous sortiriez lentement parmi une foule de voyageurs chargés de valises et de paquets. A peine dans la rue vous seriez étonné du *nombre de gens* qui circulent sur les trottoirs, du *nombre de voitures* qui passent si vite sur la chaussée. Certes, vous n'oseriez jamais aller d'un trottoir à l'autre si vous étiez seul, — et cet exercice, en effet, n'est pas toujours sans danger !

Voici les *taxis*, petites automobiles légères qui conduisent les gens pressés ; les *camions*, qui transportent, avec un bruit assourdissant de ferrailles, de lourdes marchandises ; les *tramways électriques* et les *autobus*, pesants et rapides à la fois, qui vous promèneront à peu de frais d'un bout à l'autre de la capitale.

Mais vous avez tant de choses nouvelles à voir qu'il faudra choisir. Vous irez sur les bords de la Seine, aux eaux tranquilles : sous vos yeux passeront des remorqueurs traînant de longues files de bateaux, ou des « bateaux-mouches » chargés de voyageurs... Vous verrez le palais du *Louvre*, qui fut pendant très longtemps la résidence des rois de France ; le jardin des *Tuileries* et celui du *Luxembourg*, peuplés de statues, où tant d'enfants vont jouer ; l'*Hôtel de Ville* où se réunit le conseil municipal de Paris ; le *Palais de Justice*, avec la Sainte-Chapelle que fit construire le roi saint Louis ; *Notre-Dame*, une des plus belles cathédrales du monde ; l'*Opéra*, superbe théâtre de construction moderne ; la *Tour Eiffel*, construite en poutrelles de fer et haute de 300 mètres.

=========== *Résumé* ===========

*La capitale de la France, Paris, est située sur la Seine. C'est une belle et grande ville de trois millions d'habitants. La circulation y est intense : automobiles, tramways, autobus, métro sont toujours pleins de voyageurs pressés. On y admire de beaux monuments comme Notre-Dame, le Louvre, l'Opéra, l'Hôtel de Ville ; on se promène dans de magnifiques jardins publics comme celui des Tuileries et celui du Luxembourg.*

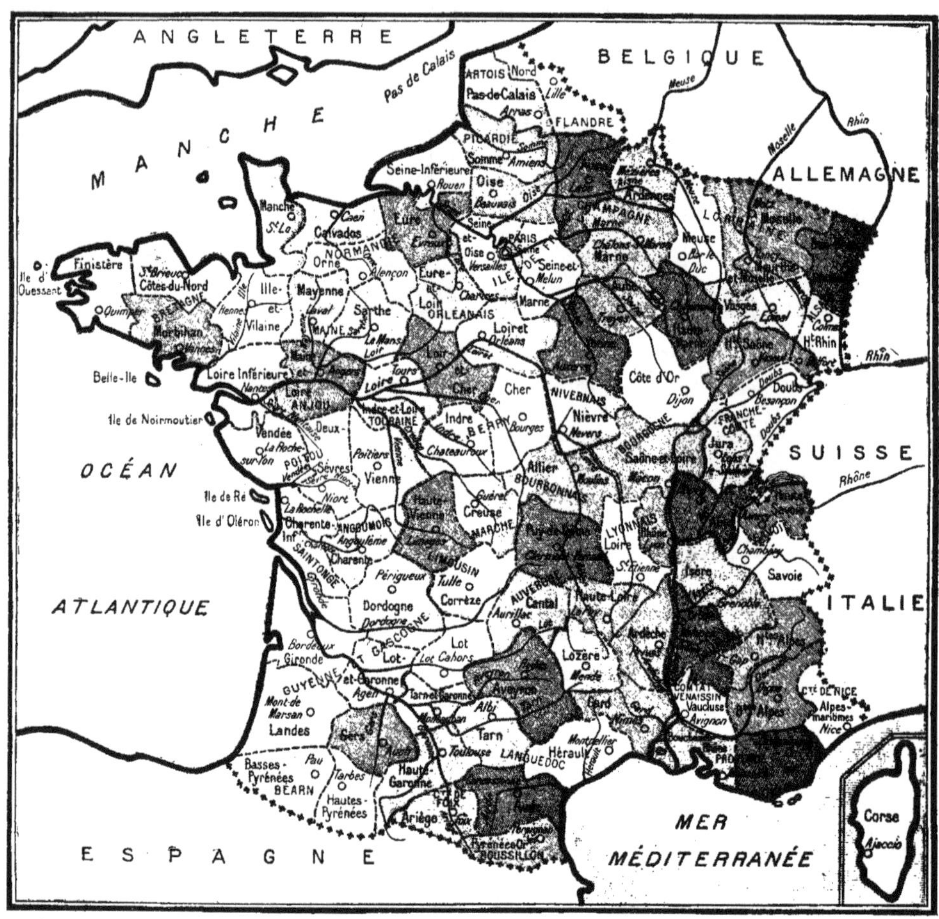




LECTURES. — **Le Journal officiel.** — Vous avez sans doute déjà vu, affichée sur les murs de la mairie ou de l'école, une grande feuille blanche, imprimée en noir, qui porte ce titre : « Journal officiel de la République française. » Les habitants de la commune peuvent y lire le texte des lois nouvelles, votées par le Sénat et la Chambre des Députés : elles sont signées du président de la République qui les promulgue ainsi, et d'un ou de plusieurs ministres. Dans toute la France, chacun connaît par ce moyen les dispositions législatives aussitôt qu'elles sont prises, et les tribunaux n'admettent jamais l'excuse facile qui consisterait à dire : « Mais, je ne savais pas que telle chose se trouvait défendue ! » Nul n'est censé ignorer la loi. Tant pis pour les négligents qui ne veulent pas se renseigner, ou pour les paresseux qui, dans leur jeunesse, n'ont pas appris à lire.

**Provinces et départements.** — La France était autrefois divisée en provinces dont les noms reviennent souvent dans son histoire : la Bretagne, la Normandie, l'Artois, la Franche-Comté, etc. Mais quelques-unes de ces provinces étaient très petites, tel le Béarn, — d'autres étaient très grandes, telle la Lorraine. La Révolution française supprima ces divisions et créa les départements qui eurent à peu près tous la même superficie. Elle leur donna des noms qui rappellent soit leur position géographique (le Nord, le Finistère), soit les montagnes qui recouvrent tout ou partie de leur territoire (les Hautes-Alpes, les Basses-Pyrénées), soit les fleuves qui les arrosent (le Rhône, la Loire). Malgré tout, les noms de quelques provinces ont survécu, surtout de celles qui ont conservé une langue particulière ou qui ont joué, au cours de notre histoire, un rôle très important.

*Dans toute ville qui est chef-lieu de département s'élève un grand bâtiment : la préfecture. Là de nombreux bureaux s'occupent de l'administration du département : police, impôts, routes, etc.*

*Les ministères occupent d'importants bâtiments : les uns renferment les bureaux où travaillent de nombreux employés ; les autres servent d'hôtel au ministre. Ce palais est celui du ministère des Affaires étrangères.*

*La Chambre des Députés, dont voici la façade principale, est située sur la rive gauche de la Seine. Elle comprend, à l'intérieur, une vaste salle des séances où s'assemblent, pour discuter les textes de nos lois et les voter, nos 600 députés.*

*C'est dans un des plus grands et des plus beaux jardins de Paris que s'élève le palais du Luxembourg, construit au XVIe siècle sur l'ordre de Marie de Médicis. Trois cents sénateurs s'y réunissent pour travailler, comme le font les députés, à l'établissement des lois françaises.*

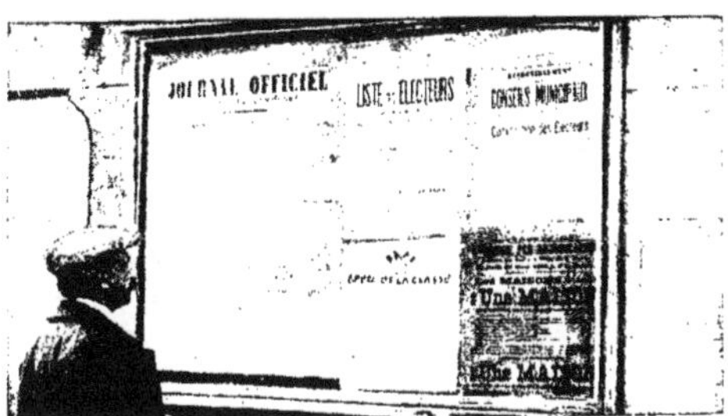


*C'est par le Journal officiel, qui est affiché dans chaque commune, que les lois sont portées à la connaissance de tous les citoyens, en même temps que tous les actes du pouvoir central qui peuvent les intéresser.*

### Les arrondissements. Le département. Le gouvernement.

Quelques cantons (cinq ou six) réunis forment un arrondissement qui a pour chef-lieu une petite ville : il est administré par un *sous-préfet.*

Quelques arrondissements réunis forment un département qui a pour chef-lieu une ville importante : il est administré par un *préfet.* La France compte 89 départements.

A Paris siège le *gouvernement* qui s'occupe des affaires communes à tous les Français. Mais ce sont également tous les Français qui contribuent à faire ce gouvernement, celui de la *République.*

Vous entendrez dire à votre père : « Je vais voter. » Suivez-le : il se rendra à la mairie, pliera un bulletin blanc sur lequel un ou plusieurs noms sont écrits et déposera ce papier dans une grande boîte en bois, une urne. Les noms que portent les bulletins sont ceux des personnes, des *députés*, que les Français choisissent pour les représenter au gouvernement. *Venus ainsi de tous les points de la France*, les députés se réunissent à Paris, à la Chambre des Députés. D'autres représentants du peuple, les *sénateurs*, choisis par chaque département d'une façon un peu différente (surtout par les conseillers municipaux), forment le Sénat.

Les sénateurs et les députés font les lois : une loi vous oblige à venir en classe pour vous instruire. Ils élisent le *président de la République* qui est le chef du gouvernement.

Le président de la République nomme des *ministres* (une dizaine) à la tête des grands services de l'État : l'un s'occupe de l'instruction publique, un autre de l'armée, un autre des routes et des chemins de fer, etc. Président et ministres demeurent à *Paris :* leurs ordres vont aux préfets, puis aux sous-préfets, puis aux maires et parviennent ainsi, comme les lois, jusqu'aux plus petites communes de France.

=== *Résumé* ===

*Plusieurs cantons forment un arrondissement, plusieurs arrondissements un département. La France est divisée en 89 départements, administrés chacun par un préfet. — Le gouvernement siège à Paris. Les lois sont faites par les députés et les sénateurs, représentants de tous les Français ; le président de la République et les ministres les font ensuite exécuter.*

QUESTIONS SUR LA CARTE. -- *1. Quels sont les grands États de l'Europe ? — 2. Quelle est la capitale de chacun d'eux ? — 3. Quelles sont les grandes nations de l'Asie et quelle est leur capitale ? — 4. Mêmes questions pour l'Amérique du Nord et pour l'Amérique du Sud.*

*Une jeune fille de la région du Caucase, type de la race blanche.*

*UnChinois lettré représentant de la race jaune ; il porte une natte de longs cheveux.*

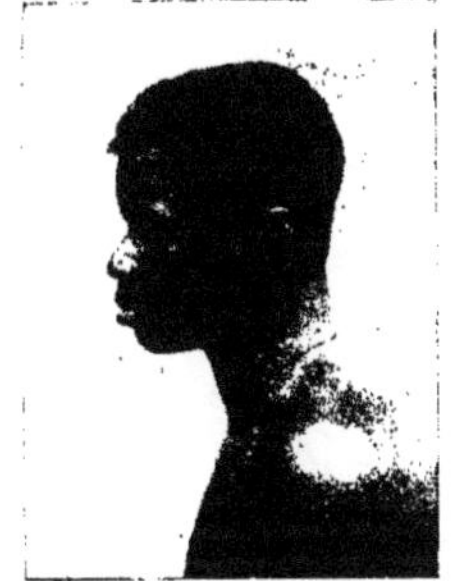

*Un nègre aux cheveux crépus, nez épaté et lèvres épaisses.*

*Photos Chusseau.*

*Un chef peau-rouge, représentant d'une race presque disparue.*

## Les hommes en Europe.

Les hommes qui vivent en Europe parlent des langues différentes, mais sont tous de *race blanche*.

I s sont répartis en trente et un États qui ont loin d'avoir tous l'importance de notre pays. *Cinq d'entre eux* seulement peuvent être comparés au nôtre : l'**Angleterre**, l'**Espagne**, l'**Italie**, l'**Allemagne**, la **Russie**. (Apprenez sur la carte le nom de la capitale et celui des principales villes de chacun de ces pays.)

Sur les frontières de la France, deux États, petits par leur surface, ont acquis cependant en Europe, grâce à l'activité de leurs habitants, une place de choix. L'un, la **Belgique**, en s'opposant à l'invasion allemande de 1914 et en retardant de quinze jours l'avance des armées ennemies, a évité l'écrasement de notre pays. L'autre, la **Suisse**, a aujourd'hui dans sa capitale le siège de la Société des Nations, vaste réunion de tous les États du Monde qui essaient de s'entendre pour éviter le retour des guerres.

C'est la Russie qui a le plus grand nombre d'habitants (125 millions : une population trois fois plus nombreuse que celle de la France) sur le territoire le plus étendu (près de 5 millions de kilomètres carrés : une superficie neuf fois plus grande que celle de la France).

Le *traité de Versailles*, qui a mis fin à la Grande Guerre de 1914-1918, a beaucoup modifié la carte de l'Europe. Des peuples, ayant leur nationalité propre, qui vivaient avant la guerre sous la domination de grands empires tels que l'Allemagne, l'Autriche et la Russie, forment aujourd'hui des nations distinctes : telles sont la Pologne, la Tchécoslovaquie, la Yougoslavie, la Finlande.

La plupart des États de l'Europe sont aujourd'hui des *républiques*, comme la France. Ils sont gouvernés par un président et par des chambres élues. Quelques-uns, comme l'Angleterre, l'Espagne, l'Italie, la Belgique, sont des *royautés*, ayant à leur tête un roi héréditaire ; mais ce souverain n'a pas un pouvoir absolu ; il est obligé de tenir compte de la volonté d'un Parlement élu par les habitants de son royaume.

## Les hommes dans le monde.

En plus de l'Europe, la surface du globe compte quatre grands groupes de terres sur lesquels vivent des hommes de races fort différentes.

L'**Asie** est avant tout le continent de la *race jaune*, des hommes à la peau jaune, aux yeux obliques et étroits, aux cheveux et à la moustache noirs ; ils mangent du riz et boivent du thé. Tels sont notamment les *Japonais* qui vivent nombreux dans un groupe d'îles de l'océan Pacifique ; ils ont su profiter de toutes les découvertes européennes, et leur genre de vie se rapproche beaucoup du nôtre. Tels aussi les *Chinois*, habitants d'un immense empire ; mais leur industrie n'est pas aussi avancée que celle de leurs voisins. Le reste de l'Asie appartient à des États européens : l'*Inde* aux Anglais, la *Sibérie* aux Russes. (Apprenez sur la carte le nom de la capitale du Japon, de la Chine, de l'Inde.)

L'**Afrique** est le domaine de la *race noire*, des hommes à la peau brune ou noire, aux cheveux crépus, au nez épaté ; la plupart vivent encore aussi misérablement que nos lointains ancêtres de l'âge de pierre ou de l'âge de bronze. Aussi les grands espaces africains sont-ils devenus la propriété d'États européens, en particulier de la France et de l'Angleterre. (Apprenez sur la carte le nom des trois plus importantes villes de l'Afrique.)

L'**Amérique** était autrefois habitée par la *race rouge* qui ne compte plus actuellement qu'un petit nombre de représentants. Des hommes de *race blanche*, venus d'Europe, y ont fondé de grands États : le *Canada* et les *États-Unis* dans le Nord ; le *Brésil* et la *République Argentine* dans le Sud ; ce sont des républiques. (Apprenez sur la carte le nom des capitales du Canada, des États-Unis, du Brésil, de la République Argentine.) On parle surtout l'anglais dans l'Amérique du Nord, — l'espagnol et le portugais dans l'Amérique du Sud, — c'est-à-dire la langue des peuples européens qui au XVIe et au XVIIe siècle y avaient fondé des colonies aujourd'hui émancipées.

================= *Résumé* =================

L'Europe est divisée en trente et un États dont les principaux sont la France, l'Angleterre, l'Espagne, l'Italie, l'Allemagne, la Russie. Ce dernier État est le plus grand et le plus peuplé. Le traité de Versailles, en 1919, a donné naissance à de nouveaux États comme la Pologne, la Tchécoslovaquie, la Yougoslavie. La plupart des États de l'Europe sont des républiques.

================= *Résumé* =================

L'Asie est le continent de la race jaune ; elle compte deux grands États indépendants : le Japon et la Chine. L'Afrique, domaine de la race noire, est presque tout entière la propriété des puissances européennes. En Amérique, où vivent encore des hommes de race rouge, de grandes nations ont été fondées par des hommes venus d'Europe : le Canada, les États-Unis, le Brésil, la République Argentine.

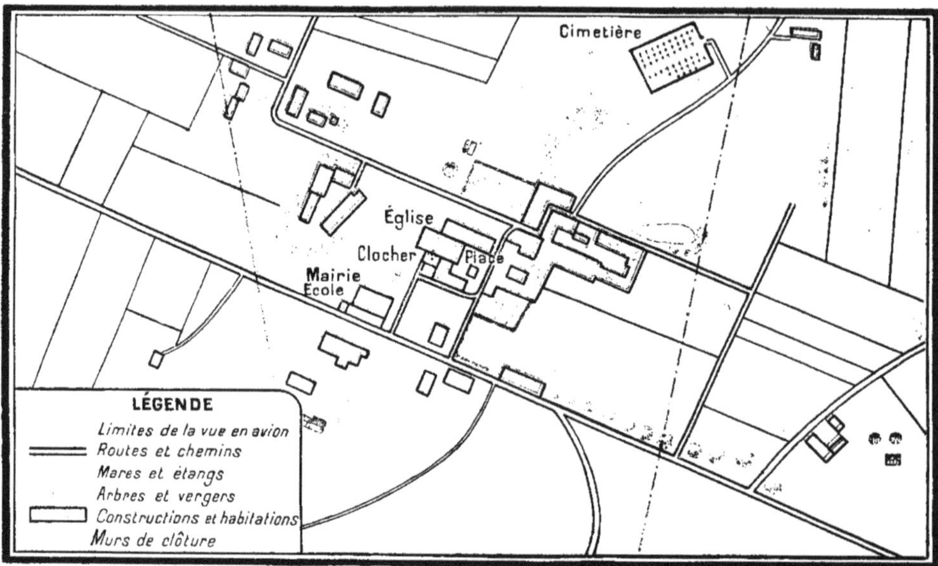



Dans la deuxième partie de ce livre, vous avez appris où se trouvent les principales villes du monde et de la France ; quelles sont la forme, l'étendue et la situation des principales nations. Nations et villes sont des **créations des hommes.** Les hommes ont d'abord construit des maisons pour s'abriter et les groupes de maisons ont formé des villages. La carte ci-dessus représente un petit village de France : quelques fermes, quelques maisons de cultivateurs le constituent.

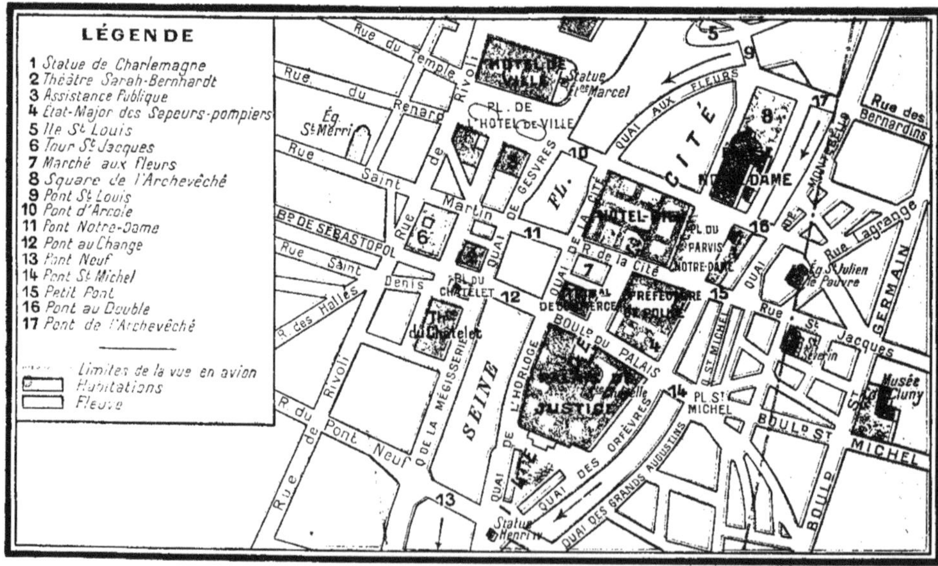



Les villages placés dans des situations particulièrement heureuses, ou qui ont été favorisés par les circonstances historiques, se sont développés mieux que d'autres et ont formé des villes. Ainsi Paris n'était primitivement qu'un groupe de huttes de pêcheurs bâties dans l'île que vous voyez sur cette carte et qu'on appelle l'île de la Cité

UN PETIT VILLAGE DE FRANCE, VUE PRISE EN AVION

*Phot. C<sup>ie</sup> Aérienne F<sup>se</sup>.*

**EXERCICE.** — *Reconnaître sur la carte, les bâtiments visibles sur la photographie ci-dessus. Remarquer comment sont représentés sur la carte, les murs, les vergers, les arbres, les meules, les mares, l'église, le cimetière. Compter les routes principales, les chemins et les sentiers qui mènent à ce village.*

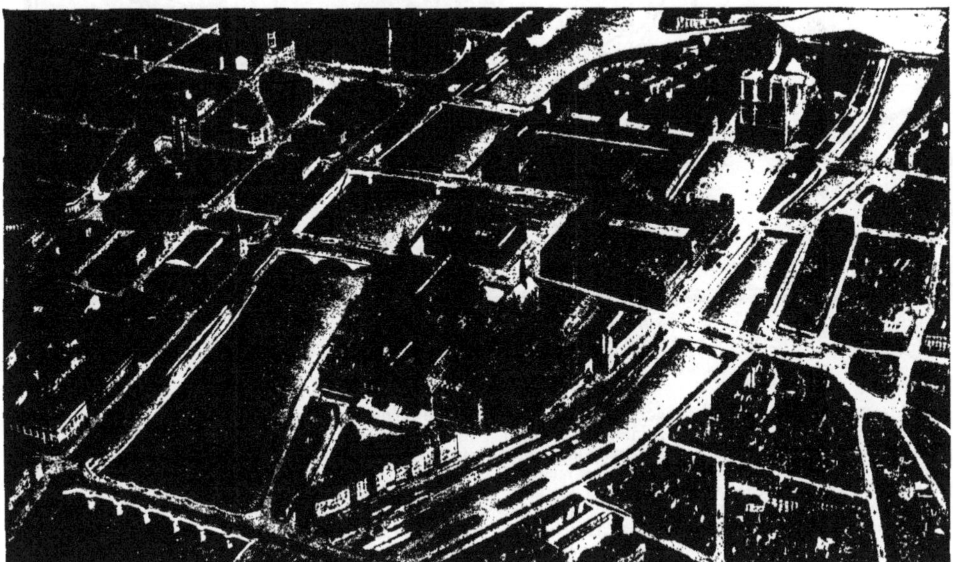

L'ILE DE LA CITÉ, CENTRE ET BERCEAU DE PARIS, VUE EN AVION

*Phot. C<sup>ie</sup> Aérienne F<sup>se</sup>.*

**EXERCICE.** — *Trouver les noms des bâtiments, monuments, rues et places de Paris visibles sur cette photographie. Ces noms sont inscrits sur la carte, ou figurent dans la légende qui renvoie à des numéros d'ordre. Quel chemin devriez-vous suivre pour aller de la statue de Henri IV à l'église Saint-Merri, et de l'Hôtel de Ville à la Sainte-Chapelle ?*

QUESTIONS SUR LA CARTE. — *1. Quelles sont les régions où l'on cultive le blé ? — la vigne ? — 2. Quelles sont les régions où l'on élève les bœufs, — les chevaux ? — 3. Quelles sont les principales régions agricoles de la France : a) dans la région du Nord ; b) le long des côtes de la Méditerranée ? — 4. Citez une plante agricole que l'on cultive surtout dans la région du Nord. — 5. Citez un arbre que l'on cultive surtout dans le Midi.*

LECTURES. — **Histoire des charrues.** — C'est avec un simple crochet en bois à la pointe durcie au feu que les premiers hommes grattaient la terre pour lui confier la semence du blé. Puis le crochet en bois fut remplacé par une pointe en fer, et les animaux domestiques, ânes, chevaux et bœufs suppléèrent l'esclave qui devait, avant l'emploi des bêtes, traîner l'instrument. A la pointe de fer, on substitua ensuite un couteau épais pour diviser la terre, derrière lequel un large soc retournait et creusait le sillon : ce sont les principales pièces de la charrue que vous voyez encore aux mains du cultivateur ; elles labourent, à chaque allée et venue, une large bande du sol.

**Une ferme moderne.** — Que de choses intéressantes vous verrez dans une ferme moderne : la faucheuse, qui, de sa large scie, toujours en mouvement, fauche au ras du sol les herbes hautes ; la moissonneuse-lieuse qui coupe le blé, fait les gerbes, les met en tas ; la batteuse qui, en une heure, emplit de grain autant de sacs qu'autrefois, en un an, l'homme armé du fléau. L'électricité fournit la lumière à la maison, aux écuries, aux étables ; elle fait tourner des machines qui préparent la nourriture des bestiaux, traient les vaches, font le beurre. A elle seule, la fermière, en manœuvrant quelques manettes, assure le travail de plusieurs domestiques.

*Une pièce de bois dur en forme de crochet qui s'enfonçait à peine dans le sol, telle était la charrue des cultivateurs de l'antiquité encore employée par quelques indigènes en Algérie.*

*Aujourd'hui un tracteur automobile tire une charrue à quatre socs qui fouillent profondément la terre et labourent, en peu de temps, de grandes surfaces.*

## La vie d'un cultivateur.

L'homme qui cultive la terre, le *cultivateur*, le paysan ou, comme on disait autrefois, le roturier, se lève avec le soleil.

A peine habillé, il se rend à l'écurie où il étrille et brosse ses chevaux, les fait boire, leur donne du foin et de l'avoine. Puis il ouvre l'étable où règne, même par les grands froids, une douce chaleur, et s'occupe du bétail : bœufs, vaches et moutons. Il n'a point cette peine pendant la belle saison, car les animaux couchent dans les prairies où ils trouvent leur nourriture. Après qu'il s'est ainsi occupé de « ses bêtes », le paysan quitte la ferme et se rend au travail.

*A l'automne,* il charrie le fumier dans les champs, épand les engrais, laboure la terre, l'ensemence ; il supporte alors les grosses pluies, fréquentes en cette saison, et rentre bien souvent chez lui les vêtements mouillés, les souliers recouverts d'une épaisse couche de boue.

*En hiver,* quand la terre est gelée ou couverte de neige, le cultivateur s'occupe aux petits travaux de la maison ; il répare les boiseries, les murs, les toits, les instruments de travail. S'il a peu de blé, il le bat au fléau. Il bêche son jardin, prépare les carrés de légumes, taille ses arbres fruitiers, etc.

*Vient le printemps !* le soleil déjà chaud fond les neiges, disperse les nuages. Le blé, l'avoine commencent à pousser et couvrent de milliers de petites feuilles vertes la surface de la terre. Mais entre les petites feuilles utiles se glissent des plantes nuisibles qui les empêcheraient de grandir. Le cultivateur doit les enlever au plus vite, sarcler les champs.

*L'été !* saison de la chaleur, des moissons, de l'activité dans les campagnes ! Les petites feuilles vertes sont devenues de longues tiges blondes porteuses de lourds épis : fin juillet, elles tombent sous le tranchant des faux, sont liées en gerbes, élevées en meules ou entassées dans les granges. *Perpétuel travail que celui du paysan !* Heureux quand l'ouragan, la gelée, l'orage, ne viennent pas détruire en quelques heures son travail de toute une année !

## L'agriculture en France.

Si vous avez voyagé à travers la France, vous avez vu *partout des champs cultivés,* sauf dans quelques régions de montagne. D'autres pays ont de vastes espaces sur lesquels ne pousse qu'une herbe rare ou des plantes sauvages ; chez nous *le travail de l'homme* a su utiliser jusqu'aux terrains les moins fertiles.

Le paysan cultive des céréales : le *blé,* que le meunier transforme en farine pour le boulanger qui fait notre pain ; l'*avoine* qui nourrit les chevaux ; l'*orge,* qui sert à la fabrication de la bière ; le *seigle,* qui pousse dans les régions froides et sur les sols pauvres et dont la farine fournit un pain très nourrissant.

Les tiges du **lin** et du **chanvre** donnent des fibres que le tissage transforme en toile fine ; avec le jus extrait de la racine de **betterave,** on fabrique du sucre ; on fait une huile excellente avec les fruits de l'olivier.

Sur des coteaux bien exposés au soleil, et au sud d'une ligne qui irait de l'embouchure de la Loire à l'entrée de la Meuse en Belgique, la **vigne** pousse à merveille dans les terrains sablonneux ; elle donne des vins appréciés dans le monde entier : le *champagne,* le *bourgogne,* le *bordeaux.*

Le paysan élève aussi des animaux domestiques : le cheval de trait, gros et robuste comme celui du *Boulonnais,* ou de course, léger et rapide, comme celui des *Pyrénées ;* le **bœuf** pour son travail, sa viande et son cuir ; la **vache** et la **chèvre** pour leur lait, et le **mouton** pour sa laine.

L'habitant des campagnes cherche d'autres ressources dans l'exploitation des **forêts** (il en retire du bois de chauffage, de construction, de menuiserie), — dans la pêche du poisson des rivières, — dans la culture des *fruits,* des *fleurs.*

Certaines régions agricoles sont très prospères, en particulier : la région du **Nord** (*céréales, betteraves, lin*), la **Beauce** et la **Brie** (*blé*), le bassin de la **Garonne** (*céréales, vignes, fruits*). Grâce à son climat chaud, le **Midi** cultive en grand la *vigne* et l'*olivier ;* il récolte *fruits* et *légumes* avant les autres régions de la France : des *primeurs,* qui se vendent cher.


=============== Résumé ===============

La vie de l'homme qui cultive la terre est toute remplie par le travail. Dès le lever du jour, le paysan s'occupe des bestiaux, puis il va dans les champs : en automne, il laboure et sème le blé ; au printemps, il détruit les plantes nuisibles ; en été il fait la moisson ; l'hiver est consacré aux travaux de la maison et du jardinage.



=============== Résumé ===============

Le paysan a su tirer parti de toutes les terres de notre France, même des moins fertiles. Il cultive les céréales, les plantes textiles, la betterave, la vigne ; il élève des animaux domestiques, il exploite des forêts. — La région du Nord, la Beauce et la Brie, le bassin de la Garonne sont les plus riches régions agricoles de la France.

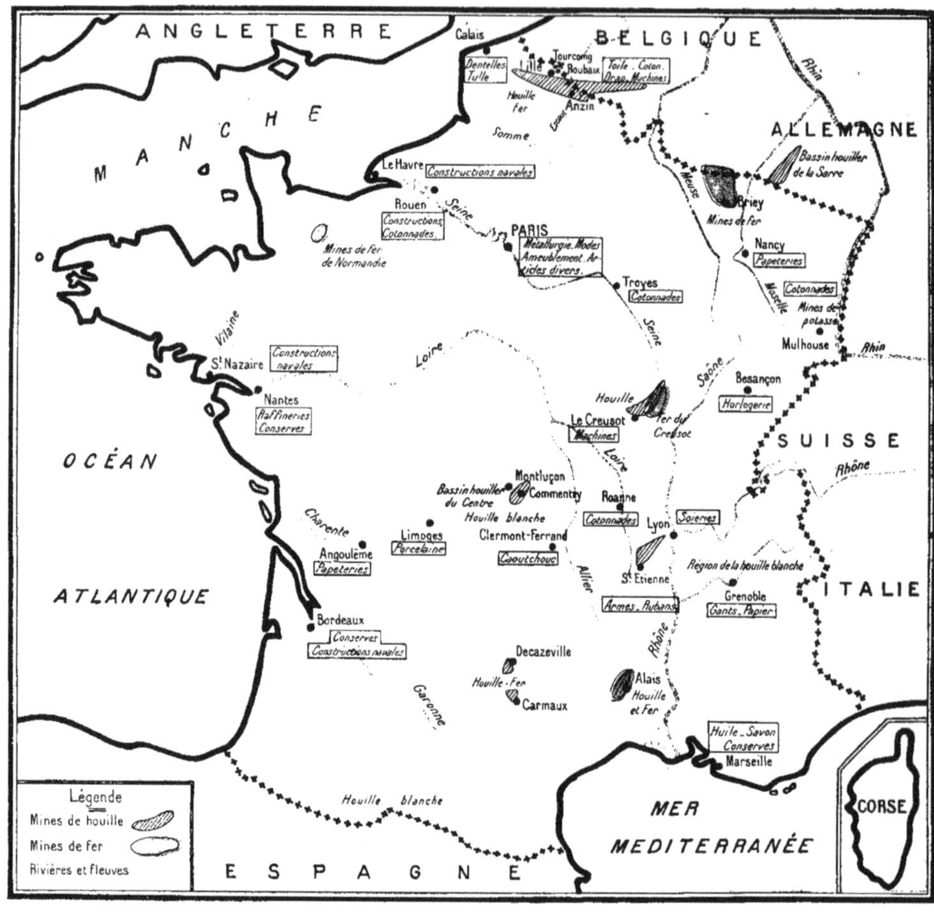




**LECTURES.** — **Le grisou.** — Au plus profond des galeries, par les fissures des blocs de houille, s'échappe un gaz très redouté des mineurs : le grisou. Il s'accumule sans que rien ne décèle sa présence, car il n'a ni couleur, ni odeur ; il suffit alors de la flamme d'une allumette pour qu'il prenne feu et détermine une explosion terrible. En 1908, dans une mine de charbon des environs de Lens, un coup de grisou fit, en une seconde, un millier de victimes. Les mineurs se servent d'une lampe entourée d'une toile métallique à mailles très fines que l'air franchit, mais que la flamme ne peut traverser. Cependant la sécurité que fournit ce dispositif n'est pas absolue, et la plus légère imprudence peut toujours déterminer une catastrophe.

**Aux usines du Creusot.** — Du feu ! on en voit partout. Les immenses bâtiments s'alignent à perte de vue, hauts comme des montagnes et pleins jusqu'au faîte de machines qui tournent, se croisent, s'agitent, ronflent, sifflent, grincent, crient. Et toutes travaillent du feu. Ici des brasiers, là des jets de flamme, plus loin des blocs de fer ardent, vont, viennent, sortent des fours, entrent dans les engrenages, en ressortent, y entrent cent fois, changent de formes toujours rouges. Les machines voraces mangent ce fer, ce fer éclatant, le broient, le coupent, le scient, l'aplatissent, le tordent, en font des locomotives, des navires, des canons, mille choses diverses, fines comme des ciselures d'artistes, monstrueuses comme des œuvres de géant. (GUY DE MAUPASSANT.)

*Cette espèce de tour à claire-voie que l'on remarque à gauche de la gravure est une construction caractéristique des régions minières. Elle se trouve au-dessus du puits de mine et supporte les roues et engrenages sur lesquels s'enroule le treuil qui fait monter ou descendre la benne.*

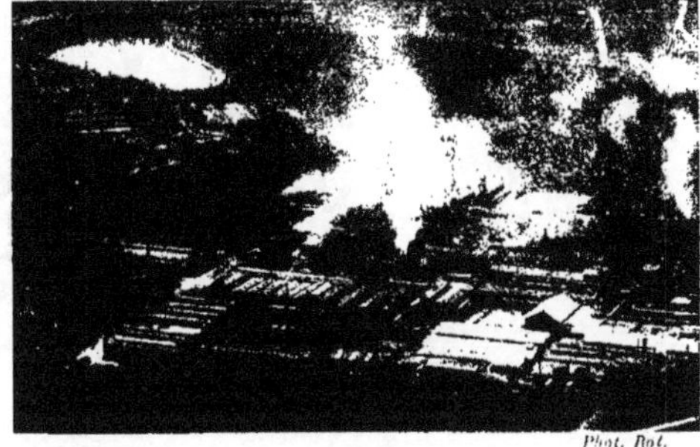

*Phot. Rol.*

*La région du Creusot, riche en houille, a vu se développer la plus grande agglomération industrielle de France. Cette vue, prise en avion, montre les longs bâtiments de ses usines, ses cheminées, ses hauts fourneaux, ses lignes de chemin de fer ; le tout à demi-voilé par un nuage de fumées et de vapeurs.*

### Les mines.

La serrure qui ferme la porte de la classe est en *fer*, le tuyau qui amène l'eau ou le gaz est en *plomb*, le robinet en *cuivre*, certaines cuillers ou montres en *argent*. Le fer, le plomb, le cuivre, l'argent sont des **métaux**. On les trouve dans la terre, comme la **houille** ou charbon de terre. Écoutez l'histoire d'un morceau de charbon.

Voici un homme vêtu d'effets de toile noire portant un chapeau de cuir bouilli sur lequel est fixée une petite lampe entourée d'un treillis métallique. Il entre dans une espèce de wagon de forme carrée, « une cage », suspendu à un câble au-dessus de l'ouverture d'un large *puits*. Un coup de sifflet ! Une machine se met en mouvement ; le câble se déroule, la « cage » s'enfonce dans le puits : *elle descend* ainsi plusieurs centaines de mètres avant de toucher le fond de la mine, dans une vaste chambre sur laquelle s'ouvrent plusieurs *galeries*. Ces galeries, creusées dans la terre ou dans les couches de charbon, ont été consolidées à l'aide de poteaux en bois. L'ouvrier avance à la lumière de sa petite lampe ; il se gare de temps à autre pour laisser le passage à un train de *wagonnets* tiré par un cheval. Il arrive enfin au lieu de son travail, prend sa pioche et détache de « la veine » des blocs de charbon. Travail pénible qui s'accomplit dans une demi-obscurité, par une température élevée, dans un air chargé de poussières. Le charbon est conduit jusqu'à la cage, et remonté à la surface, sur « le carreau ».

On voit souvent sur des blocs de charbon l'empreinte de grandes feuilles, de branches, de troncs d'arbres. Il y a des milliers d'années des forêts ont été englouties dans de profondes vallées et recouvertes de terre : leur bois s'est lentement transformé en houille.

Nos principales *mines de charbon* sont situées dans la **région du Nord** (autour de *Lens*, de *Bruay*, de *Valenciennes*) ; nos principales *mines de fer* sont dans l'Est (autour de *Briey*, de *Nancy*).

### L'industrie en France.

Aussitôt extraite du sol, la houille peut être utilisée. Les métaux, au contraire, sont à l'état de *minerais* ; ils contiennent de la terre et d'autres matières dont il faut les séparer.

Pour purifier le minerai de fer, par exemple, on le chauffe à très haute température, avec de la houille ou du coke, dans les **hauts fourneaux**. On obtient alors de la *fonte*, avec laquelle sont faits les poêles, certains ustensiles de cuisine, etc. A son tour, la fonte, débarrassée de certaines substances, donne le *fer* proprement dit, puis l'*acier*, employés dans la construction de toutes les machines modernes.

Cette transformation des minerais, ainsi que le travail des métaux, constitue l'industrie métallurgique. Elle se fait le plus souvent dans de grandes usines qui occupent des milliers d'ouvriers. La plus importante en France est celle du **Creusot** qui fabrique des locomotives, des canons, des grosses machines. D'autres se trouvent dans l'*Est*, dans le *Nord*, en *Franche-Comté*, en *Nivernais*, dans la *région parisienne*.

La transformation de la laine brute ou de la bourre de coton en fils, ainsi que la transformation de ces fils en étoffes, constitue l'industrie textile. Elle a, dans notre pays, une très grande importance. La laine est travaillée dans le *Nord*, en *Champagne*, en *Normandie*, en *Alsace* ; le coton dans les *Vosges*, dans le *Nord*, en *Normandie*, en *Alsace* ; la soie à *Lyon* et à *Saint-Étienne*.

La plupart des usines emploient des machines à *vapeur* : la houille, « pain de l'industrie », est donc indispensable pour la chauffe de leurs chaudières. Mais elle coûte cher. Aussi remplace-t-on de plus en plus la force de la vapeur par une autre : celle de l'*électricité* que l'on obtient à bon compte en utilisant le courant des rivières et la vitesse des chutes d'eau dans les pays de montagne, surtout dans les Alpes. Cette énergie des eaux rapides, ainsi employée, constitue la *houille blanche*.

━━━━━━━━ *Résumé* ━━━━━━━━

*La houille et les métaux se trouvent dans le sein de la terre, souvent à de grandes profondeurs. Il faut, pour les en extraire, creuser un puits et des galeries. Le mineur y descend, détache les blocs de houille à coups de pioche, en charge des wagonnets, dont le contenu est remonté par une « cage » à la surface. Nos principales mines sont : les mines de charbon de la région du Nord, et les mines de fer de la région de l'Est.*

━━━━━━━━ *Résumé* ━━━━━━━━

*Les métaux extraits sont à l'état de minerais. — On purifie le minerai de fer dans les hauts fourneaux, on en fait de la fonte, du fer, de l'acier que l'industrie métallurgique transforme ensuite en articles de ménage, outils, machines, etc. L'industrie textile, très importante en France, fabrique des étoffes de laine, de soie, de coton. La houille noire et la houille blanche fournissent la force motrice.*

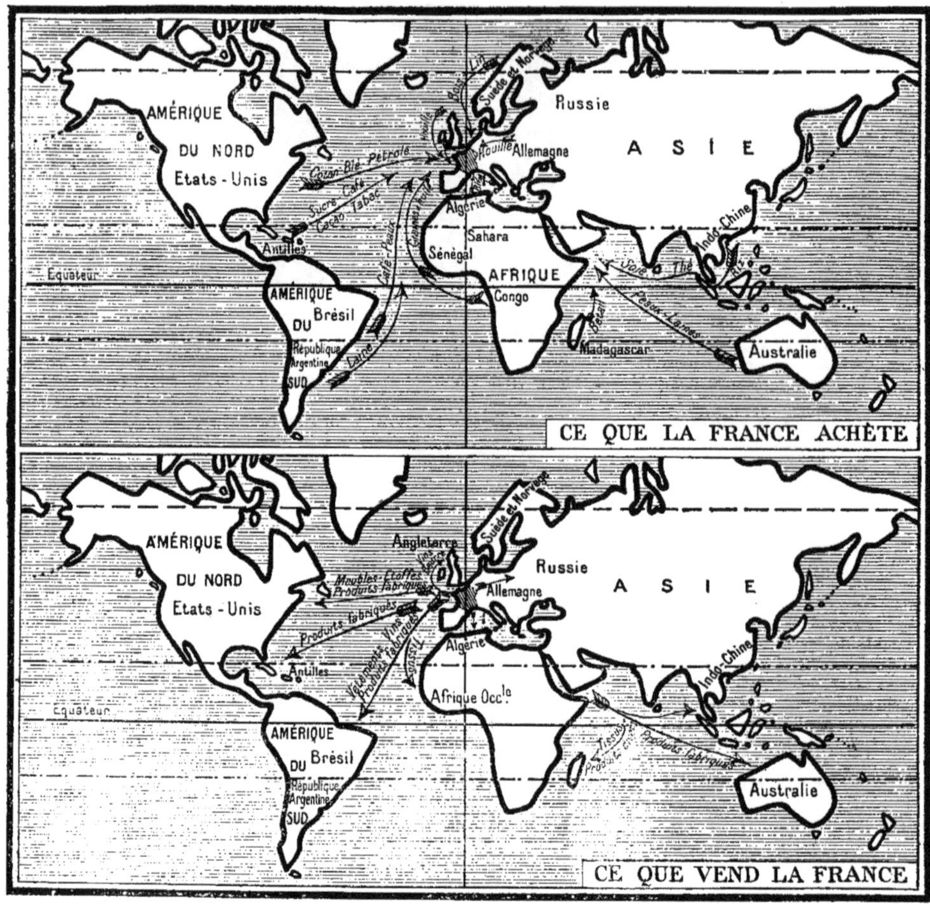





**LECTURES.** — **Une foire en Normandie.** — C'est joli, c'est gai, cette cohue d'hommes et d'animaux sous le grand soleil. Le chemin est bordé à gauche par des chaumières transformées en auberges et, à droite, par un talus incliné où s'étagent les lots de poulains. Du piétinement de la foule, du bruit des galopades, de la rumeur confuse des voix entrecoupées de hennissements, de cris, d'avertissements et d'appels, s'élève un tumulte indescriptible, unique, qui plane dans la poussière...

Voyez là-bas ce petit fermier autour de la vache qu'il marchande; il prend un air dégoûté, tout en tortillant fiévreusement sa bourse, tandis que la vendeuse, une grosse femme rouge au regard sournois, attend qu'il parle, droite sur ses ergots, prête à la lutte. (D'après J. L'HOPITAL.)

**La Douane.** — Le train s'arrête à la gare frontière. Un douanier passe le long du convoi, prie les voyageurs de descendre avec leurs bagages. Ils entrent dans une salle, meublée de larges tables sur lesquelles ils déposent valises et paquets. A la question : « N'avez-vous rien à déclarer ? », ils doivent répondre sincèrement, dire les marchandises qu'ils ont achetées à l'étranger, payer les droits de douane qui leur sont réclamés. Sinon, le douanier aura vite fait de découvrir, dans les cachettes les mieux imaginées, les bijoux, les dentelles, le tabac, etc., qu'on a voulu dissimuler. Le fraudeur se verra dresser procès-verbal et paiera une forte amende. Toutes les personnes qui passent sur des routes coupées par une ligne frontière doivent également s'arrêter au poste de douane pour accomplir des formalités analogues.

*Une fois par semaine, et tous les jours même dans les villes de quelque importance, les gens de la campagne viennen vendre aux citadins les produits de leurs jardins et de leurs champs. Cela ne va jamais sans de légères discussions sur la qualité et sur le prix des marchandises.*

*Sur cette route des Alpes, près du poteau qui marque la séparation du territoire français et du territoire italien, est établi un poste de douaniers. Toutes les voitures, tous les voyageurs qui viennent de l'autre côté de la frontière doivent s'y arrêter. Ils sont soumis à une visite minutieuse.*

## Le commerce en France.

Au jour fixé à l'avance, soit chaque mois, soit chaque trimestre, soit chaque année, les cultivateurs se rendent au chef-lieu de canton, conduisant les animaux domestiques qu'ils désirent vendre. De bonne heure, la place de la petite ville présente une activité inaccoutumée. Les paysans et les acheteurs de bestiaux discutent bruyamment avant de se mettre d'accord. Des marchands d'étoffe, d'outils agricoles, sont venus aussi présenter leurs articles qu'ils étalent sur des tables rustiques posées sur des tréteaux. Vers midi, la foire prend fin et, dans l'après-midi, chacun rentre chez soi.

Un jour par semaine, le samedi souvent, les habitants de la campagne viennent vendre aux habitants de la grande ville voisine, sur l'emplacement du marché, les menus produits de la ferme : œufs, volailles, légumes, fleurs, fruits. Ils profitent de ce déplacement pour acheter les marchandises qui leur sont nécessaires : vêtements, chaussures, instruments aratoires, semences, épicerie, etc.

Les marchés et les foires consistent donc *en échanges entre les gens d'une même région. — L'habitant de la montagne* vend à celui de la plaine le bois de ses forêts, les bestiaux de ses herbages et les fromages qu'il fabrique avec le lait; il lui achète du vin, de la farine, car il ne peut cultiver sur ses terres trop hautes ni le blé, ni la vigne. — *L'habitant de la campagne* vend à celui de la ville les produits de son sol et de sa basse-cour ; il lui achète les produits manufacturés qui sortent des usines.

Mais ces échanges se font également entre les régions de la France les plus éloignées les unes des autres : *l'homme du Midi* enverra à *l'homme du Nord* de l'huile d'olive et du lin; il lui demandera du sucre de betterave, de la toile de lin, de la houille.

*L'achat, le transport et la vente des marchandises à l'intérieur du pays, constituent le* commerce intérieur.

## Le commerce extérieur de la France.

Toutes les sortes de plantes ne poussent pas sur notre terre. Les récoltes faites sont parfois insuffisantes. Notre sous-sol ne renferme pas tous les métaux. Nos usines ne fabriquent pas toutes les catégories de machines. Nous devons donc *demander à d'autres pays :* 1° un grand nombre de produits nécessaires à *notre alimentation;* 2° des matières premières que réclame *notre industrie* ainsi qu'une partie du matériel dont elle a besoin.

Nous achetons du *café* au Brésil, du *coton* aux États-Unis, de la *soie* à l'Italie ; des *peaux,* pour la fabrication du cuir, aux pays qui élèvent de grands troupeaux : l'Australie, l'Angleterre ; des bois à la Suède et à la Norvège; des *arachides,* dont on extrait de l'huile, au Sénégal. Certaines années, nous ne récoltons pas assez de *blé* et nous en demandons à l'Algérie et aux États-Unis. Nous ne retirons pas assez de *houille* de notre sol, et nous en faisons venir d'Angleterre, de Belgique, d'Allemagne.

Mais nous vendons aussi à l'étranger des *soieries,* des *lainages,* des *cotonnades,* des *toiles* tissés dans nos manufactures ; des *vêtements* confectionnés dans nos ateliers ; des automobiles fabriquées dans nos usines ; des *vins* de Champagne, de Bourgogne, de Bordeaux ; du *beurre,* des *œufs,* des *fromages* que les Normands et les Bretons envoient en Angleterre.

Il arrive souvent que les pays étrangers produisent, à meilleur marché que nous, les choses dont nous avons besoin. Si rien ne les en empêchait, les acheteurs négligeraient donc les produits français, et certaines de nos industries seraient vite ruinées. C'est pourquoi la plupart des marchandises étrangères sont frappées, à leur passage à la frontière, d'une *taxe* qui en augmente le prix; elles acquittent des droits de douane. Des douaniers, habillés d'un uniforme bleu-gris, qui rappelle celui des soldats, sont chargés de les percevoir.

======= *Résumé* =======

Le commerce intérieur se fait : *Pour une même région :* dans les foires, où vendeurs et acheteurs de bestiaux se rencontrent à des époques fixes ; dans les marchés, lieux publics où les habitants des campagnes vendent aux citadins : légumes, fruits, œufs, etc. — *Pour toute la France :* par des échanges de produits du sol ou de produits manufacturés que font entre elles des régions éloignées.

======= *Résumé* =======

La France ne produit pas tout ce qui est nécessaire à la vie de ses habitants : elle achète à l'étranger du café, du coton, de la soie, du blé, de la houille. Mais elle vend aussi des étoffes, des vêtements, des vins, etc. Ces achats et ces ventes constituent le commerce extérieur.

Des droits de douane protègent les producteurs français contre la concurrence étrangère.

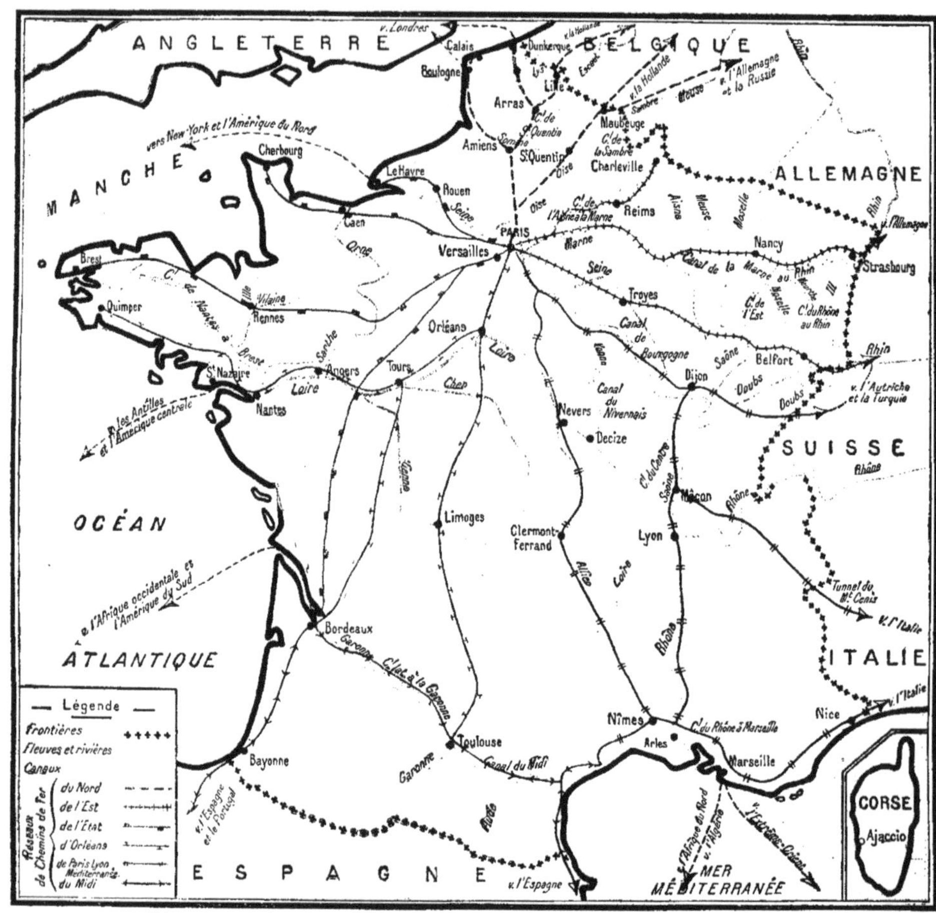




**LECTURES. — Viaducs et Tunnels.** — Les constructeurs de voies ferrées ont choisi de préférence pour tracer leurs lignes des terrains plats. Mais ils ont été obligés d'unir les villes importantes, et en même temps d'éviter les détours qui augmentent la durée et le prix des transports et diminuent le nombre des voyageurs. Il a donc bien fallu, en certains cas, qu'ils traversent des régions montagneuses. Ils ont alors construit, sur les vallées profondes, des ponts de grande longueur, souvent en fer et d'une seule arche : les viaducs. Ils ont aussi, pour remédier aux pentes trop fortes, difficiles, dangereuses, ou impossibles à gravir, creusé la base des collines et des montagnes ; sous des masses formidables de rochers et de terre, les trains passent dans le tunnel, horizontalement, d'un versant à l'autre.

**La vie des bateliers.** — « Souvent le batelier est propriétaire de son bateau ; il y est né, il y vit entouré de ses enfants. C'est sa maison à lui, un parterre de fleurs égaye la terrasse de son logis ; le chien, les enfants, s'ébattent là sans crainte ; l'âne même y trouve son gîte. » Et cette maison, avec ses habitants, change constamment de place ; elle navigue du nord au midi et de l'est à l'ouest, de Calais à Lyon et de Brest à Strasbourg ! Quand le voyage doit s'effectuer rapidement ou que le bateau est lourdement chargé, le batelier fait appel aux services d'un remorqueur ; mais le plus souvent, il se confie à la force lente du cheval et de l'âne, quand il ne s'attelle pas lui-même à la corde, avec sa femme et ses enfants. A peine s'arrête-t-il quelques semaines, au plus fort de l'hiver.

*Cette puissante locomotive remorque à 50 kilomètres à l'heure un train de marchandises lourdement chargé. Ainsi s'échangent rapidement entre les points les plus éloignés de la France et de l'Europe les produits qui ne peuvent supporter un long voyage ou dont l'expédition est urgente.*

*Plus lents, mais aussi moins coûteux sont les transports par eau. Sur les canaux, dont le cours est toujours tranquille, le chaland, tiré par un cheval, avance d'une trentaine de kilomètres par jour. Il transporte surtout des marchandises lourdes et encombrantes : charbon, bois, barils de vin, etc.*

## Les routes et les chemins de fer.

Elles sont belles, les routes de France, nombreuses, bien droites, bien empierrées, bordées d'arbres qui les ombragent agréablement en été. Les unes, très larges, sont entretenues aux frais de l'État, de la nation entière ; ce sont les **routes nationales** : elles unissent les grandes villes entre elles. Les autres, moins importantes, mettent en communication les principales villes d'un département : ce sont les **routes départementales**. Moins larges encore sont les **chemins vicinaux** ou chemins des communes.

Au galop de leurs six ou de leurs huit chevaux, les *diligences* passaient autrefois sur les grandes routes ; elles transportaient les voyageurs. Elles sont remplacées aujourd'hui par des *automobiles* : voitures rapides et confortables qui promènent les touristes, ou gros camions qui véhiculent les marchandises. Les automobiles ont ainsi rendu aux routes *l'animation* qu'elles avaient connue au temps des diligences ; mais elles font en une heure le chemin que les diligences parcouraient en une journée.

Cependant les voyages, ainsi que les expéditions de marchandises, se font surtout par le chemin de fer. La première locomotive fut employée en France au transport du charbon entre Saint-Étienne et Lyon (1833). Aujourd'hui toutes les villes un peu importantes et beaucoup de villages sont desservis par une ligne de chemin de fer. Voyez votre carte : 1° comme les routes, la plupart des grandes lignes de chemin de fer se dirigent vers Paris ; 2° elles appartiennent à cinq grandes compagnies : **Nord :** *Paris-Calais ; Paris-Lille ; Paris-Maubeuge.* — **Est :** *Paris-Strasbourg ; Paris-Belfort ; Paris-Reims-Charleville.* — **Paris-Lyon-Méditerranée :** *Paris-Marseille ; Paris-Nîmes.* — **Orléans :** *Paris-Bordeaux ; Paris-Toulouse ; Paris-Saint-Nazaire-Quimper.* — **Midi :** *Bordeaux-Montpellier ; Bordeaux-Bayonne.* — **L'État** gère lui-même les lignes : *Paris-Le Havre ; Paris-Cherbourg ; Paris-Brest ; Paris-Nantes ; Paris-Bordeaux.*

## Les rivières et les canaux.

Quand les marchandises sont lourdes et tiennent beaucoup de place, comme la houille, leur transport par voie ferrée coûte très cher. Aussi les expédie-t-on de préférence sur des bateaux qui suivent les **rivières** et les **canaux**.

La plupart de ces bateaux sont en bois, longs, à fond presque plat pour leur permettre de naviguer dans les eaux peu profondes. Le batelier et les membres de sa famille vivent dans une petite maison très coquette et très propre, ménagée entre les compartiments où s'entassent les marchandises.

Toutes les rivières ne peuvent pas porter bateaux ; les unes manquent d'eau, les autres ont un courant et une pente trop rapides, des roches encombrent leur lit. Le travail de l'homme a pu corriger quelques-uns de ces défauts ; mais il a été souvent plus facile *de creuser*, d'après un tracé fixé à l'avance, de *nouvelles rivières :* des **canaux.** Voyez la carte : on a pu ainsi unir entre eux les grands fleuves français.

Les principaux canaux sont : *les canaux de la région du Nord, le canal de l'Est, le canal de la Marne au Rhin, le canal de Bourgogne, le canal du Centre, le canal du Midi.*

Quand les canaux qui se rejoignent ne coulent pas sur des terrains de même niveau, comment un bateau franchira-t-il, pour passer de l'un à l'autre, la différence de niveau qui les sépare ? Au moyen d'une écluse. Une écluse est un réservoir long de 40 à 50 mètres, fermé par *deux grandes portes* à deux larges battants. Un bateau se présente-t-il pour passer de la rivière la plus basse sur la rivière la plus haute ? On ouvre la porte, on le fait entrer dans le réservoir, on referme la porte. Puis on fait pénétrer peu à peu dans l'écluse l'eau de la plus haute rivière. *Le bateau s'élève* jusqu'au moment où, les niveaux étant les mêmes, on lui ouvre la deuxième porte. L'ascension est terminée : *il sort de l'écluse* et continue son voyage.

---

### Résumé

*Les routes de France (nationales, départementales, vicinales) sont nombreuses, belles, bien entretenues. Les automobiles y ont aujourd'hui remplacé les diligences du temps passé. Mais les voyages et les transports se font surtout par chemins de fer. Les grandes voies ferrées convergent toutes vers Paris ; elles appartiennent à l'État et à cinq compagnies.*

---

### Résumé

*Les marchandises lourdes et encombrantes sont de préférence transportées par bateaux. — Mais peu de rivières sont assez larges et assez profondes pour les porter en tous temps ; il a fallu les compléter en creusant des canaux ; on a pu de cette façon unir la Seine, la Loire, la Garonne et le Rhône. Le passage d'un cours d'eau à un autre se fait, quand les niveaux sont différents, au moyen d'une écluse.*

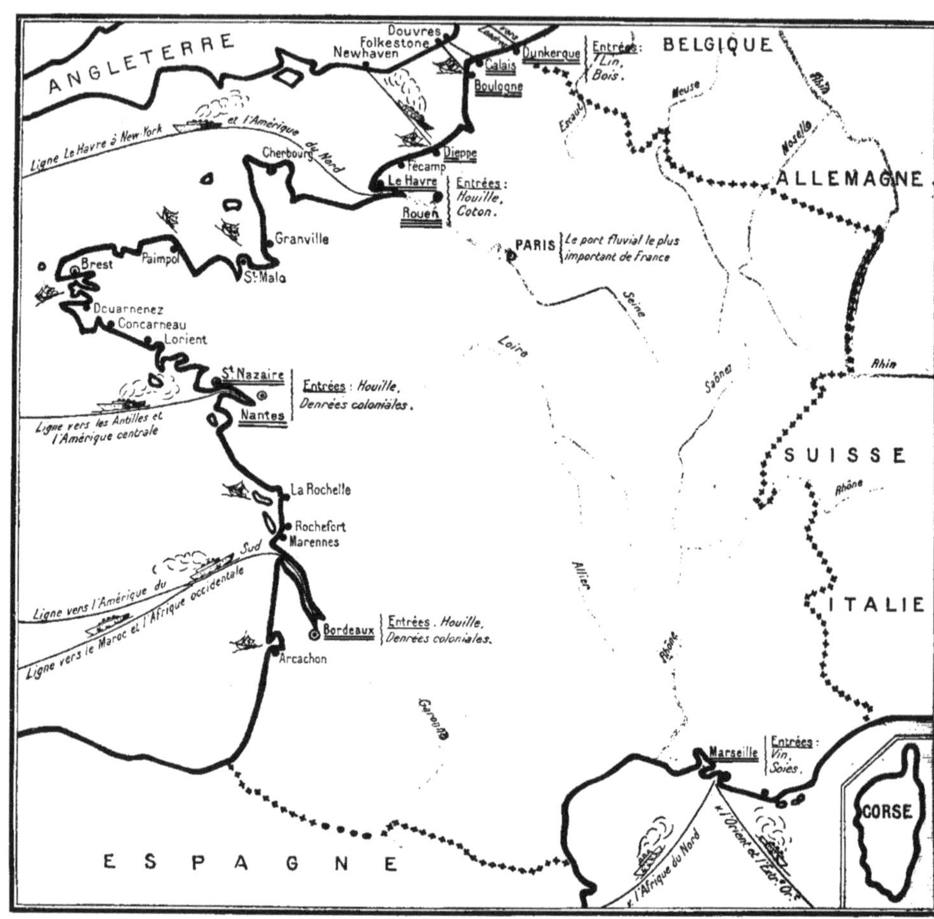




LECTURES. — **Un paquebot moderne « Le Paris ».** — Sa longueur est de 234 mètres, sa largeur de 26 ; la puissance totale de ses machines représente 46.000 chevaux-vapeur ; il peut recevoir 3.241 passagers et 653 officiers, matelots et employés, soit au total 3.894 personnes. Il comprend sept ponts superposés comme les sept étages d'une maison qui aurait 234 mètres de façade. Voici, à titre d'exemple, la distribution d'un de ces ponts, le pont B. La plus grande partie en est occupée par les salons et locaux décorés. Ce sont, à partir de l'avant, la salle de jeu des enfants, avec guignol et aquarium ; le salon de lecture, le salon de conversation ou grand salon ; les galeries avec, au milieu, la grande descente ; le salon mixte, le café-fumoir, la grande terrasse. Un ascenseur dessert tous les ponts.

**La pêche à la morue.** — On pouvait distinguer par transparence ce qui se passait sous l'eau : des poissons innombrables, des myriades et des myriades, tous pareils, glissant doucement dans la même direction, comme ayant un but dans leur perpétuel voyage. C'étaient les morues qui exécutaient leurs évolutions d'ensemble, toutes en long dans le même sens... La pêche allait assez vite ; en regardant dans l'eau reposée, on voyait très bien la chose se faire ; les morues venir mordre, d'un mouvement glouton ; ensuite se secouer un peu, se sentant piquées, comme pour mieux se faire accrocher le museau. Et de minute en minute, vite, à deux mains, les pêcheurs rentraient leur ligne, — rejetant la bête à qui devait l'éventrer et l'aplatir. (PIERRE LOTI.)

*Un des* grands paquebots *français, « le Paris », quitte Le Havre à destination des Etats-Unis. En moins d'une semaine, il franchira l'océan Atlantique, transportant avec son équipage et ses passagers une population de 4.000 personnes. C'est une véritable ville flottante.*

*Voici toute une flottille de barques de pêche au repos dans un des nombreux petits ports des côtes de France. C'est l'heure de la marée montante, favorable au départ pour la pêche, et plusieurs bateaux ont hissé leurs voiles. Ceux-ci sont spécialement équipés pour la pêche à la sardine.*

## La navigation sur mer.

Routes, voies ferrées, canaux servent principalement au commerce intérieur. Le commerce extérieur et les voyages entre la France et les autres pays du monde se font surtout par mer, au moyen de *grands navires à vapeur*, qui peuvent transporter des quantités de marchandises ou des passagers par centaines.

Entre leurs voyages, qui durent parfois plusieurs semaines, ils stationnent dans les ports, abris que l'homme a aménagés le long des côtes pour recevoir les bateaux.

Suivons un navire qui entre dans un grand port (voir p. 55). Un coup de sirène ! Il passe entre les jetées, longues digues parallèles qui protègent, contre la fureur des vagues et des vents, un large canal, un chenal, où l'eau est calme et profonde. Il entre ensuite dans une écluse et passe dans un vaste bassin, entouré de quais, faits de gros blocs de pierre taillée. Sur les quais circulent des trains que l'on charge au moyen de *grues* électriques puissantes. Quand les marchandises (bois, blé, charbon, peaux, fourrages, etc.) ne sont pas expédiées, on les remise dans de vastes hangars, les docks, construits le long des quais. — Imaginez les allées et venues des navires dans le bassin, des trains et des grues sur les quais, des marins sur les ponts, des ouvriers sur les passerelles ; entendez les sirènes des navires, les sifflets des locomotives, les ordres des capitaines : vous n'aurez encore qu'une faible idée de *l'activité d'un port moderne.*

La France a quelques grands ports de commerce : *Marseille, Rouen, Bordeaux, Le Havre, Dunkerque* (voyez sur la carte avec quels pays ces ports font du commerce).

Pour défendre, en cas de guerre, ses côtes et ses ports de commerce, la France entretient des cuirassés, des torpilleurs, des sous-marins qui s'abritent dans les rades de *Cherbourg, Brest, Toulon*, et de *Bizerte* en Tunisie.

## La pêche en mer.

Le long des côtes, un grand nombre de *petites baies naturelles* sont devenues des ports de pêche. Ici, point de jetées, ni de bassins, ni de quais, mais seulement la plage de sable ou de galets, bien abritée par les falaises.

A marée basse, quelques grandes barques à un mât reposent sur la plage. Quand la mer monte, les pêcheurs, habillés de vêtements caoutchoutés, cirés ou huilés, chaussés de hautes bottes de cuir aux lourdes semelles, prennent place dans leur bateau. Un aide, un mousse, les accompagne parfois. L'eau soulève lentement l'embarcation, le pêcheur tend les voiles et le vent pousse le bateau vers la pleine mer. Alors les marins jettent à la mer leurs filets : *sardines, harengs, maquereaux, merlans* seront pris au passage, amenés sur le pont et répartis dans des mannes d'osier.

Le pêcheur travaille sous l'ardent soleil de juillet comme sous le vent glacé de l'hiver ; il passe des nuits au large ; il doit toujours craindre la tempête et l'orage qui éclatent si brusquement et qui déchirent les voiles, brisent les mâts, broient les barques et les marins sur les récifs. Dur métier, et qui nourrit difficilement son homme.

Les petites embarcations ne s'éloignent guère des côtes. La pêche au large se fait à bord de bateaux à vapeur, appelés *chalutiers*, ou de bateaux à voiles à plusieurs mâts : le *port de Boulogne* en possède un grand nombre. D'autres vont pêcher la morue, pendant l'été ; ils partent de France au printemps, gagnent les mers qui entourent l'*Islande* et *Terre-Neuve*, rentrent en automne : la plupart sont attachés aux ports de *Fécamp, Saint-Malo, Paimpol, Dunkerque.*

Quand vient le soir, les phares s'allument le long des côtes. Leurs feux, blancs ou de couleurs, fixes ou tournants, *guident dans l'obscurité* des nuits les marins en mer.

———————— *Résumé* ————————

*Le commerce extérieur se fait surtout par mer, au moyen de grands navires, véritables villes flottantes. Ils chargent et déchargent leurs marchandises dans des ports spécialement agencés pour les recevoir. Ils sont amarrés dans de larges bassins, le long de quais solides où travaillent les grues puissantes, où attendent les trains, où les docks offrent leur abri. — Rouen, Marseille, Bordeaux, Le Havre, Dunkerque, sont les grands ports de commerce de la France.*

———————— *Résumé* ————————

*Le long des côtes, un grand nombre d'hommes vivent de la pêche en mer ; ils abritent leurs bateaux dans des baies naturelles. — Les petites embarcations ne s'éloignent guère des côtes ; leurs filets prennent au passage sardines, harengs, thons, maquereaux, merlans. — La pêche à la morue se fait dans les mers lointaines d'Islande et de Terre-Neuve. — Boulogne, Fécamp, Saint-Malo sont nos grands ports de pêche.*

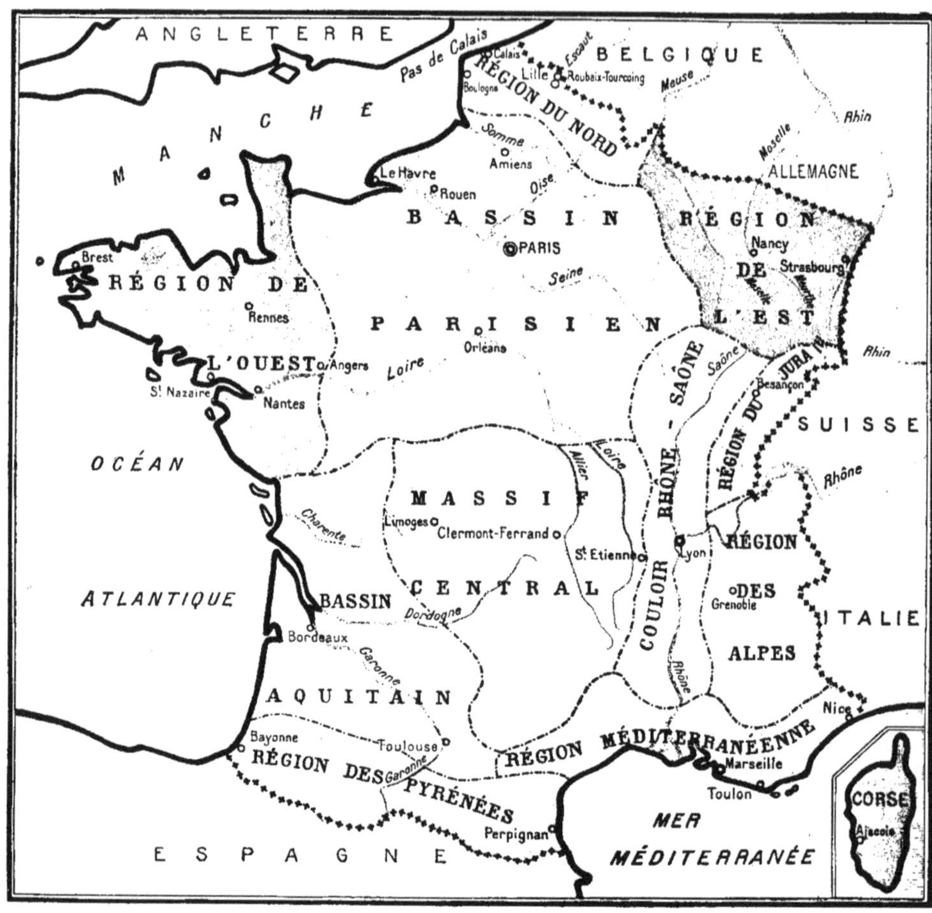


QUESTIONS SUR LA CARTE. — *Indiquez où se trouvent les villes suivantes (dans quelle région, sur quelle mer, sur quel fleuve) :* Paris *(qui a 3 millions d'habitants),* — Marseille, Lyon *(qui ont plus de 500.000 habitants),* — Bordeaux, Lille *(qui ont plus de 200.000 habitants),* — Nantes, Toulouse, Strasbourg, Saint-Étienne, Le Havre, Nice, Rouen, Roubaix, Nancy, Toulon *(qui ont plus de 100.000 habitants).*

LECTURE. — **Trois richesses de la France.** — Au flanc des montagnes, l'herbe pousse ; la prairie s'étale suivant le pli et l'ondulation des terrains frais et difficilement cultivables ; le long des rivières, la prairie continue, descendant sa bordure verte près des nombreux cours d'eau... L'élevage est une des grandes ressources de ce pays. — Mais le soleil luit au flanc du coteau ; le sol est pierreux et caillouteux ; il craque sous la bonne chaleur et la lumière de l'été. Les froids mêmes ne sont pas rudes. C'est la région de la vigne et des jardins. Le pampre fleurit et embaume, puisant dans le sol, par ses racines, et dans l'air, par ses larges feuilles, le suc dont il fera la liqueur dorée ; au-dessus le prunier s'élève et offre, quand vient la saison, parmi son maigre feuillage, ses globes juteux et mordorés. — Mais voici les longs plateaux qui unissent les collines, voici les vastes plaines plates qui s'allongent au bas cours des fleuves. Ce sont maintenant les champs et c'est le labourage. A l'automne, le soc retourne le sol détrempé ; un vol de corbeaux passe sur le ciel comme dans les figures d'almanach, et le bras du semeur décrit sa spirale dans le soir tombant. Quant vient l'août, la campagne est diaprée de la variété des récoltes : seigles prompts et haut montés, blé roux et grenu, avoines fines, orges à la barbe d'or,... richesse des plantes industrielles, alignement infini et monotone de la betterave, cette vigne du Nord.

(Gabriel HANOTAUX. — *L'Énergie française.*)

"PAX", TABLEAU DE CHIGOT SYMBOLISANT L'AGRICULTURE

"LA FORGE", TABLEAU DE CORMON SYMBOLISANT L'INDUSTRIE

## Les régions françaises.

Tous les habitants de ce grand pays que baignent la Manche, l'Atlantique, la Méditerranée, — et que bordent les Pyrénées, les Alpes, le Jura, parlent la même langue, ont les mêmes habitudes, travaillent de la même façon sous un climat également tempéré. On distingue cependant un certain nombre de *caractères particuliers* entre certaines régions qui composent notre France.

I. — La région du **Massif central** est formée de terres élevées où dominent les volcans éteints ; c'est un socle de montagnes anciennes autour duquel se sont formées toutes les autres parties de notre pays. Elle a de bons pâturages et peu de champs fertiles. — *Clermont-Ferrand* travaille le caoutchouc (pneus) et *Limoges* le cuir (chaussures).

II. — Le Massif central, la région de l'Ouest, la région de l'Est, les plateaux de la région du Nord entourent le BASSIN PARISIEN.

La **région de l'Ouest**, au climat doux et humide, est formée de roches dures, imperméables, dont les plus hautes constituent le Massif armoricain ; les petites rivières y coulent nombreuses. Elle vit de la pêche le long du littoral et de l'agriculture dans les environs d'*Angers* et de *Rennes*. *Saint-Nazaire* et *Nantes* sont des ports de commerce et des villes industrielles ; *Brest* est un port militaire.

La **région de l'Est**, aux hivers froids et aux étés chauds, est prospère par ses cultures (houblon, pommes de terre, céréales), par ses mines de potasse et de fer, ses industries métallurgiques et textiles. *Nancy* et *Strasbourg* sont deux belles villes, grandes et riches.

La **région du Nord**, malgré son climat brumeux, a une population nombreuse et active qui cultive des plaines fertiles (céréales, lin, chanvre, betterave, chicorée), exploite des mines de houille, tisse des toiles de lin, des étoffes de laine et de coton. Elle a de nombreuses grandes villes : *Lille, Roubaix, Tourcoing, Calais, Boulogne, Amiens*.

Le **Bassin parisien** forme comme une vaste cuvette dont *Paris* occuperait le centre. C'est là le cœur de la France : les grandes lignes de chemin de fer, les voies de navigation importantes y aboutissent. Autour de Paris se pressent de nombreuses usines.

III. — Le Massif central et les Pyrénées enveloppent le BASSIN AQUITAIN.

La **Chaîne des Pyrénées** est une région de hautes montagnes difficiles à franchir. A son pied sont disséminées des petites villes connues des malades et des touristes.

*Bayonne* et *Perpignan* gardent les extrémités de la chaîne.

Le **Bassin aquitain** ou bassin de la Garonne est un pays ensoleillé, humide, riche de ses cultures de céréales, d'arbres fruitiers et de vignes, — fier de ses deux grandes villes : *Toulouse*, qui a d'importantes minoteries et des fabriques de pâtes alimentaires ; *Bordeaux*, un port très actif et le marché principal d'un vin renommé.

IV. — Le Massif central d'une part, le Jura et les Alpes d'autre part, enserrent le COULOIR DE LA SAONE ET DU RHONE.

Le **Jura**, région de plateaux et de montagnes peu élevées, pays de pâturages et d'élevage, a un grand centre de fabrication d'horlogerie : *Besançon*.

Les **Alpes** constituent la région la plus élevée de la France, mais de nombreuses vallées y permettent une circulation facile. Elles ont, sur leurs pentes, de grands pâturages et des forêts ; elles possèdent, avec leurs rivières, d'abondantes ressources en houille blanche. — *Grenoble* fabrique des gants, du papier, des produits chimiques.

Le **couloir de la Saône et du Rhône** ouvre une grande voie de communication entre les pays du Nord et ceux du Midi. Les vignes de Bourgogne y produisent un vin renommé. Sa grande ville, centre industriel de soieries et de produits chimiques, est *Lyon*.

Le Couloir aboutit à la **Région méditerranéenne**, pays du soleil et de la belle lumière, — de l'oranger, du mûrier, de l'olivier, des fleurs. Peu d'usines, sauf à *Marseille*, port important et seconde ville de France. *Toulon* est un grand port de guerre, — *Nice* un centre de tourisme pendant l'hiver.

=== *Résumé* ===

*On distingue en France un certain nombre de régions.*

*I. — Les vieilles montagnes du Massif central constituent le socle de notre pays. — II. — Le Massif central, — la région maritime de l'Ouest, — la région de l'Est, riche en mines et en industrie, — la région du Nord aux plaines fertiles et bien cultivées, entourent le Bassin parisien, vaste cuvette au centre de laquelle est Paris, capitale et cœur de la France. — III. — Le Massif central et la haute barrière que constitue la région des Pyrénées enveloppent le Bassin aquitain, pays ensoleillé et humide à la fois, aux cultures prospères. — IV. — Le Massif central, les plateaux du Jura et le massif des Alpes enserrent le couloir de la Saône et du Rhône, importante voie de communication, qui aboutit à la région méditerranéenne où le soleil fait pousser l'olivier, l'oranger et les fleurs.*

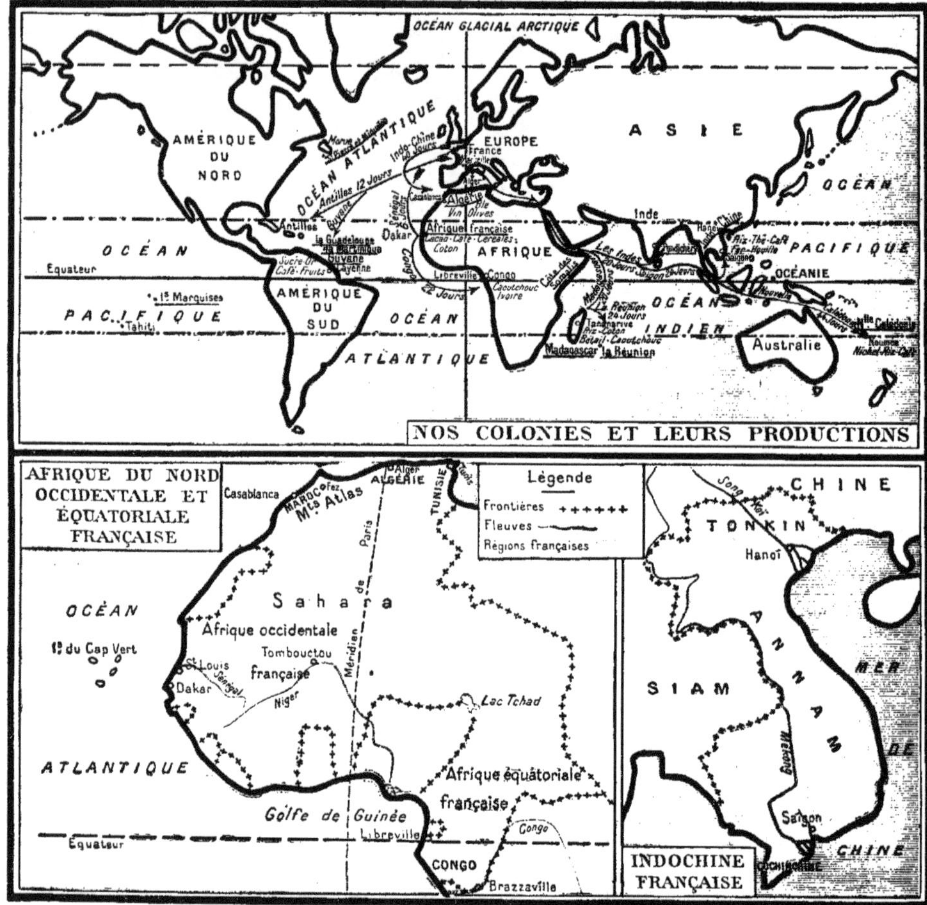




LECTURES. — **Un peu d'histoire.** — La France possédait au début du XVIIIe siècle un grand empire colonial dont les plus beaux domaines étaient le Canada et l'Inde. Cinquante ans après, elle n'avait plus que quelques îles et quelques terres sans importance, les Anglais avaient pris nos possessions que Louis XV n'avait pas su défendre. Au XIXe siècle, ce désastre a été réparé par la conquête de terres nouvelles ; 1830 est pour nous une grande date : celle de la prise d'Alger et du début de la conquête de toute l'Afrique du Nord. Depuis 1870, la troisième République n'a cessé d'agrandir notre domaine d'outre-mer : l'Indochine, l'Afrique-Occidentale et l'Afrique-Orientale, Madagascar, le Maroc sont devenus des terres françaises. Tout cela forme aujourd'hui un ensemble d'une surface de 10 millions de kilomètres carrés, peuplé par 56 millions d'habitants.

**Le riz en Indochine.** — Une chanson indigène le dit bien : « Comment l'homme pourrait-il vivre sans la rizière ? Les buffles ont l'herbe, les hommes ont le riz ! » L'Annamite est un grand remueur de glèbe. Il est attaché aux travaux de la terre. Il les aime. « Que fais-tu ? demandez-vous au paysan. — Je fais des rizières, répond-il invariablement. » En effet, la plus grande partie de sa vie se passe à cultiver le riz nourricier. Dans l'art d'inonder les plaines asséchées par le soleil, ou de pratiquer au contraire l'écoulement des eaux stagnantes, le *nhâ-qué*, le paysan, est un maître. Aucune peine ne le rebute pour obtenir de son sol le riz, richesse première, le riz, symbole de la prospérité, le riz qui donne toutes les forces.

(FRANÇOIS DE TESSAN. — *Dans l'Asie qui s'éveille.*)

Hanoï, *capitale de l'Indochine, est une* belle .*ville moderne dont les larges avenues sont bordées de hautes maisons et de grands magasins. Les différents quartiers sont desservis par des tramways et les rues éclairées à l'électricité.*

*Mais à l'intérieur du pays, les* villages indigènes *offrent aux Européens un spectacle pittoresque. Voici le marché d'un centre important. Sous des parasols ou des hangars aux toits primitifs. vendeurs et vendeuses accroupis attendent ou sollicitent les clients.*

*Entre la région fertile qui borde la côte algérienne et le désert du Sahara s'élèvent les* Hauts-Plateaux; *les Arabes y conduisent leurs troupeaux de moutons. Ils vont de pâturage en pâturage à la recherche d'une nourriture abondante pour leur bétail.*

La Tunisie est un pays fertile *ou se sont développées de très grandes fermes. Ici, un Arabe laboure son champ avec une charrue moderne traînée par un attelage assez inattendu : deux chevaux et deux bœufs.*

Les indigènes du bord du Niger, *peu travailleurs, vivent de fruits, ainsi que des produits de la chasse et de la pêche. On les voit ici, armés de larges filets circulaires, se pressant au bord d'un des nombreux rapides du fleuve.*



## Les colonies françaises.

Vos parents possèdent peut-être loin du village ou de la ville que vous vous habitez, un champ qu'ils peuvent cultiver comme ils l'entendent, sur lequel ils peuvent faire bâtir une maison, etc. De même, la France possède, *hors d'Europe*, dans chacune des quatre parties du monde, des étendues de terre plus ou moins vastes, où les Français sont chez eux. où ils travaillent comme ils veulent : ces territoires sont des colonies.

En Afrique, nous possédons l'*Algérie*, la *Tunisie*, le *Maroc*. Cet ensemble forme, au delà de la Méditerranée, un prolongement de notre pays : *cette seconde France* produit beaucoup de blé, de vin, d'huile d'olives. Au sud. nous possédons le *Sahara*. désert immense : l'*Afrique-Occidentale française* où l'on réco te des arachides dont on extrait de l'huile et un peu de coton : l'*Afrique-Équatoriale française* où poussent, dans la forêt vierge, les lianes à caoutchouc. A 400 kilomètres de la côte orientale de l'Afrique (distance de Paris à Limoges), la grande île de *Madagascar* nous appartient.

En Asie, nous avons *dans l'Inde* cinq villes dont la principale est Pondichéry, et la presqu'île de l'*Indochine* qui nous fournit du riz et des épices ; en Amérique, la *Guyane* où l'on exploite des mines d'or, et quelques petites îles productrices de cacao, de vanille, de café, de canne à sucre (la *Guadeloupe*, la *Martinique*) : en Océanie, une île encore, la *Nouvelle-Calédonie*, riche en mines de nickel.

Des Français s'en vont *travailler* aux colonies. *Dans le nord de l'Afrique*, ils vivent sous un climat semblable à celui de notre Midi : ils achètent des terres, et les exploitent avec l'aide des membres de leur famille et des ouvriers indigènes (originaires du pays). — Mais *dans l'Afrique-Équatoriale, en Indochine, à la Guyane*, ils ne peuvent s'habituer au climat trop chaud et trop humide ; la fièvre les guette et, pour lui échapper, ils doivent revenir de temps à autre respirer l'air de France ; seuls les indigènes peuvent travailler d'une façon continue dans ces régions.

=== *Résumé* ===

*La France possède hors d'Europe de grands territoires : les colonies. — Nous avons en Afrique une seconde France (Maroc, Algérie, Tunisie), les vastes étendues du Sahara, de l'Afrique-Occidentale et de l'Afrique-Équatoriale françaises, l'île de Madagascar ; en Asie, l'Indochine ; en Amérique, la Guyane et quelques Antilles ; en Océanie, la Nouvelle-Calédonie. — Mais, dans beaucoup de ces colonies, le climat ne permet pas aux Français de s'établir à demeure.*

QUESTIONS SUR LA CARTE. — *1. Quels sont les produits agricoles et les produits industriels de l'Allemagne, de la Russie, de l'Italie, de l'Angleterre ? — 2. Citez les grandes villes industrielles et les grands ports de l'Europe. — 3. Quels sont les pays les plus productifs du monde, et quelles sont leurs productions ?*

La petite Belgique est un pays de grande industrie *parce que son sous-sol est riche en houille. Les bords de la Meuse, si verdoyants par endroits, sont aussi bordés d'usines métallurgiques importantes et, sur des kilomètres de longueur, les hautes cheminées dominent les rives du fleuve.*

L'élevage du mouton est une des richesses de l'Australie; *on estime à 80 millions de têtes l'importance du troupeau australien. Longtemps cet élevage n'a été fait qu'en vue de la production de la laine expédiée en Europe; mais les procédés frigorifiques permettent aujourd'hui d'exporter aussi la viande.*

## L'Europe au travail.

Tous les États de l'Europe pratiquent l'agriculture et se livrent à l'industrie. Cependant tous les sols n'ont pas la même fertilité, tous les sous-sols n'ont pas la même richesse en houille ou en minerais ; il en résulte que certains pays sont agricoles et d'autres industriels. Mais, sauf dans certaines régions du Nord, le climat permet de travailler en toutes saisons et, partout en Europe, les hommes font preuve d'une activité remarquable.

**L'Angleterre** est un pays essentiellement *industriel*. Elle a d'abondantes mines de houille et de fer et fabrique des rails, des machines, des couteaux. Elle achète du coton dont elle fait des étoffes. L'élevage y est prospère : bœufs, vaches, chevaux, et moutons avec la laine desquels on tisse des draps appréciés.

**L'Allemagne** aussi est *plus industrielle qu'agricole*. Elle extrait de son sous-sol beaucoup de houille et de minerais (fer et zinc notamment) : la Ruhr est une des régions métallurgiques les plus actives du monde. L'Allemagne fait aussi des étoffes (des cotonnades surtout); elle a un grand nombre de brasseries, de sucreries, de distilleries.

**La Russie**, au contraire, vit surtout de l'*agriculture ;* sur de vastes terres fertiles, ses habitants cultivent le blé, le lin, le chanvre, la betterave. Près de la moitié de son territoire est couvert par des forêts dont on exploite le bois.

**L'Italie et l'Espagne** doivent au climat méditerranéen dont elles jouissent des productions agricoles spéciales : vins renommés, olives, oranges. L'Italie s'efforce à développer son industrie (tissus de soie, de coton, — pâtes alimentaires).

**Certains États** de l'Europe, petits par leur territoire, sont grands cependant par l'activité qu'ils déploient ; la **Belgique**, par exemple, dont l'agriculture (élevage) et l'industrie (houille, fer) sont prospères, et la **Suisse**, qui a créé les plus grands centres d'industrie horlogère du monde, et possède dans les torrents des Alpes d'inépuisables réserves de houille blanche.

## Le monde au travail.

Le climat influe beaucoup sur la façon dont les hommes travaillent à la surface du globe. Trop froid ou trop chaud, il rend l'effort difficile. Les Esquimaux qui vivent dans les régions polaires ne peuvent compter que sur les ressources de la chasse ou de la pêche, et les nègres, qui habitent la zone équatoriale, se contentent de cueillir les fruits ou de traquer les animaux de la forêt. Seuls les pays qui jouissent d'un climat tempéré travaillent la terre ou en transforment les produits.

En Asie, l'Inde, la Chine, le Japon, cultivent le *riz* et le *thé*. Mais la grande industrie ne s'est encore développée qu'au Japon qui possède des usines métallurgiques, des filatures de coton et des soieries aussi bien outillées que celles de l'Europe. La Chine, trop souvent troublée par des révolutions politiques, n'a encore, malgré ses 300 millions d'habitants, qu'une agriculture et une industrie rudimentaires. Elle s'intéresse cependant aux inventions européennes et a construit, ces dernières années, d'importantes lignes de chemin de fer.

En Afrique, dans la partie nord qui appartient à la France, la culture du *blé*, de la *vigne*, de l'*olivier*, est prospère. La partie sud, c'est-à-dire l'Afrique australe, qui appartient à l'Angleterre, cultive le *maïs*, la *canne à sucre*, le *coton* : elle exploite aussi de riches mines d'*or* et de *diamant*.

Le travail des hommes est très actif en **Amérique**. — Le **Canada** est un grand producteur de *blé* ; ses mines de houille, de nickel, de fer, de cuivre sont abondantes. Les **États-Unis**, à la fois puissance *agricole* et puissance *industrielle*, cultivent le *blé*, le *maïs*, le *riz*, le *coton*, le *tabac*, — exploitent des gisements de houille, de pétrole, de fer qui sont parmi les plus riches du monde : l'industrie métallurgique y a pris un développement énorme, ainsi que la fabrication des cotonnades et des lainages. La **République Argentine** ensemence en blé des espaces immenses, élève de *grands troupeaux* de bœufs et de moutons.

---

### *Résumé*

Le climat tempéré dont jouit l'Europe facilite le travail de l'homme : agricole ou industriel suivant les ressources de chaque région. L'Angleterre et l'Allemagne ont une industrie métallurgique très active ; la Russie est un pays agricole qui cultive surtout le blé et la betterave.

---

### *Résumé*

Régions polaires et régions tropicales sont également peu favorables au travail humain. C'est surtout dans la zone tempérée que se trouvent les principaux États pratiquant l'agriculture et l'industrie : tels sont le Japon, l'Afrique du Nord, l'Afrique australe, le Canada, les États-Unis, la République Argentine.

Avion de transport en plein vol

La terre n'est-elle pas beaucoup plus petite qu'au XVIᵉ siècle ? A cette époque, l'expédition du navigateur Magellan mettait trois ans pour en faire le tour. Un tel voyage a été accompli de nos jours en moins de trois semaines par des aviateurs. Et c'est en moins de trois secondes qu'une nouvelle transmise par la télégraphie sans fil parvient aux antipodes.

*QUESTIONS SUR LA CARTE. — 1. Quels moyens de transport devriez-vous utiliser successivement pour faire le tour du monde ? Quels pays, quelles villes, quelles mers traverseriez-vous ? — 2. Quelles sont les grandes lignes de navigation aérienne qui partent de Paris ?*

LECTURES. — **La légende et la réalité.** — Une légende grecque raconte que, dans l'antiquité, Icare parvint à s'enfuir d'une île où il était enfermé en volant avec des ailes qu'il s'était collées au dos avec de la cire. Mais il monta trop haut dans le ciel ; la chaleur fondit la cire : il tomba dans la mer où il se noya. Beaucoup d'hommes ensuite reprirent son rêve, mais ceux du XXᵉ siècle seulement le réalisèrent : avec une vitesse plus grande que celle de l'oiseau, ils parcourent aujourd'hui les espaces aériens. Un Anglais peut partir de Londres, sa journée terminée : il vient dîner à Paris, passe sa soirée au théâtre et se retrouve à Londres le lendemain matin à l'ouverture de son bureau.

**La T. S. F. en mer.** — La plupart des navires au long cours sont pourvus d'appareils de télégraphie sans fil. Ils peuvent ainsi correspondre à tous moments avec d'autres bateaux ou avec les ports. Sont-ils en péril ? — un appel, aussitôt envoyé, leur amènera du secours. Ont-ils un malade à bord ? — ils demandent une consultation à un médecin et, en lui donnant les symptômes du mal, reçoivent en réponse la liste des remèdes à appliquer. — Le directeur d'une importante maison de commerce est-il en déplacement ? Il pourra recevoir chaque jour, au beau milieu de l'océan, des nouvelles de ses affaires, et donner des ordres à ses employés.

L'aérodrome du Bourget *se trouve à 5 kilomètres de Paris. Il comprend un vaste terrain de départ et d'atterrissage, des hangars où sont remisés les aéroplanes, des salles d'attente pour les voyageurs. On voit ici l'arrivée de passagers qui vont prendre place à bord d'un grand navire aérien.*

*L'émission des ondes électriques qui portent à des centaines, à des milliers de kilomètres la voix humaine, nécessite l'installation de machines électriques puissantes et d'un système d'antennes très développé. Mais, ainsi que le montre notre gravure, la réception se fait à l'aide d'appareils fort simples et peu encombrants.*

### L'aéroplane et les lignes aériennes.

Voici enfin le plus récent et le plus rapide des moyens de communication. Vous avez tous vu passer au-dessus de vos têtes ces grands cerfs-volants mus par un moteur au bourdonnement puissant et qu'un homme conduit à sa volonté.

Après les remarquables expériences du Français *Ader*, vers la fin du XIX$^e$ siècle, les premiers vols aériens furent accomplis, **en 1907**, par deux Américains, les frères *Wright*. **En 1908**, un Français, *Henri Farman*, accomplissait un parcours circulaire d'un kilomètre. **En 1909**, un Français, *Blériot, traversait la Manche*, de Calais à Douvres, et cette prouesse faisait l'admiration du monde entier.

De nouveaux progrès permettaient bientôt aux aviateurs d'entreprendre de grands voyages *entre les capitales de l'Europe*, et de braver la pluie et le vent. Pendant la Grande Guerre, les aviateurs volèrent nuit et jour au-dessus des lignes ennemies pour les reconnaître ou les bombarder, et des perfectionnements furent sans cesse apportés à leurs appareils.

La paix venue, l'aéroplane devint *un instrument de transport* apprécié pour sa *vitesse*. On lui confia d'abord des *lettres*, puis des *colis* légers. Peu à peu, les *voyageurs* s'enhardirent, et l'on construisit pour eux, entre les ailes, des compartiments bien clos, d'une dizaine de places ; ils y sont confortablement assis et ne craignent ni le déplacement d'air ni le froid.

Des services journaliers unissent ainsi, dans les deux sens, *Paris et Londres, Paris et Bruxelles, Toulouse et le Maroc, Marseille et Ajaccio*.

Toutes les villes importantes ont maintenant des *terrains d'atterrissage*, avec hangars, et signaux lumineux qui indiquent leur route aux aviateurs pendant la nuit. Les accidents ne sont pas plus nombreux que sur les lignes de chemin de fer, et la durée du voyage est trois fois moindre. Mais le prix du parcours reste très élevé.

### Un point au milieu du monde.

Votre école n'occupe qu'une toute petite place dans le village ou dans la ville où vous demeurez. Une grande ville comme Paris n'est aussi qu'*un point de la surface du globe*.

Mais de quelque point de la France que vous habitiez, vous serez rapidement en relations avec un autre point de la France, de l'Europe ou du monde ; quelques heures de chemin de fer, quelques journées et quelques semaines de bateau, et vous atteindrez, si vous le voulez, l'autre côté de la terre, *le point opposé à celui que vous habitez, son antipode.*

Vous n'avez pas même besoin de vous déranger : *une enveloppe*, que vous mettrez à la poste, *affranchie* avec un timbre de quelques sous, ira donner de vos nouvelles ou porter vos commandes à des milliers de kilomètres. Si vous êtes pressé, les mots d'un *télégramme* seront bien vite transmis au moyen des fils de cuivre qui longent les routes et les voies ferrées ; vous habitez Dunkerque et vous télégraphiez à Marseille : vous aurez une réponse dans la même journée. Au fond des mers, et réunissant toutes les parties du monde, les mêmes fils entourés de caoutchouc, les *câbles*, vous permettront de recevoir en quelques heures des nouvelles d'Afrique, d'Amérique ou d'Asie. Grâce aux mêmes fils encore vous causerez, par le *téléphone*, avec un ami qui se trouve à des centaines de kilomètres de vous. Mieux, le télégraphe et le téléphone *se passent* maintenant *de fils* : de la Tour Eiffel, chaque jour, des artistes donnent des concerts, des savants font des conférences que, grâce à une installation très simple, vous pouvez entendre de chez vous.

*Routes, canaux, chemins de fer, lignes maritimes, lignes aériennes, télégraphe, téléphone*, tous ces moyens de communication permettent aux hommes d'échanger facilement les produits de leur travail, de correspondre rapidement entre eux, et de mieux se connaître.

=============== *Résumé* ===============

*L'aéroplane constitue le plus rapide des moyens de transport. Depuis 1909, date de la traversée de la Manche, par le Français Blériot, de nombreux perfectionnements y ont été apportés. Pendant la guerre, il fut un moyen d'observation et une arme efficace. La paix venue, il devint un instrument de transport, très apprécié pour sa grande vitesse. Aujourd'hui même certains aéroplanes, véritables autobus aériens, conduisent les voyageurs d'après un horaire et sur un parcours régulier.*

=============== *Résumé* ===============

*Votre école, votre village, votre ville, Paris même ne sont que des points isolés au milieu du vaste monde. Mais ces points sont reliés par les services des postes, par le télégraphe et le téléphone avec ou sans fil, les câbles sous-marins. En quelques minutes, d'une partie du monde à l'autre, la pensée des hommes est transmise, comme en quelques jours sont échangés les produits de leurs cultures ou de leurs industries.*

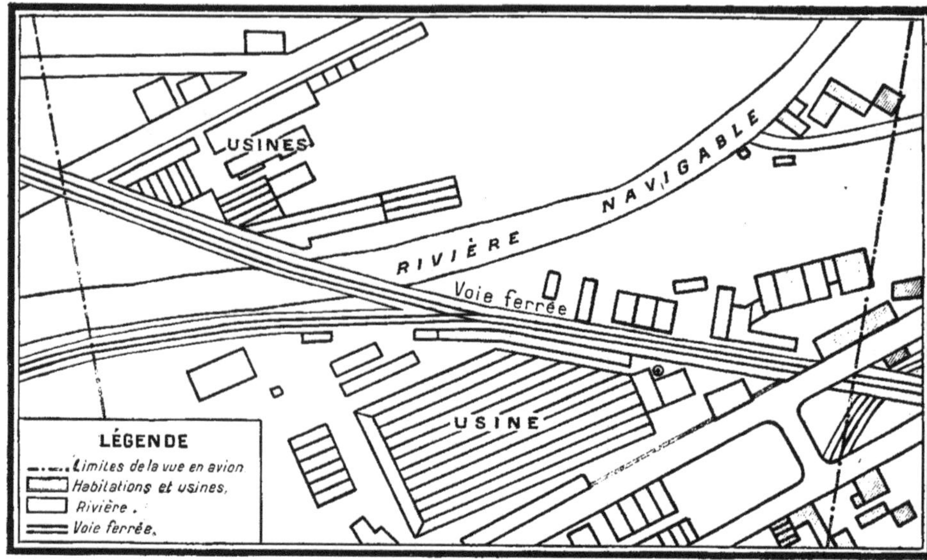



*Après avoir étudié l'aspect général de la surface de la Terre, après avoir reconnu la grandeur et la situation des principaux États, vous avez étudié comment les hommes tirent parti des ressources que leur offre la Terre, où se trouvent les centres industriels et quels sont les moyens de communication qui permettent d'échanger les objets utiles a l'existence. Cette carte représente un* centre industriel *avec des voies de communication par terre et par eau.*

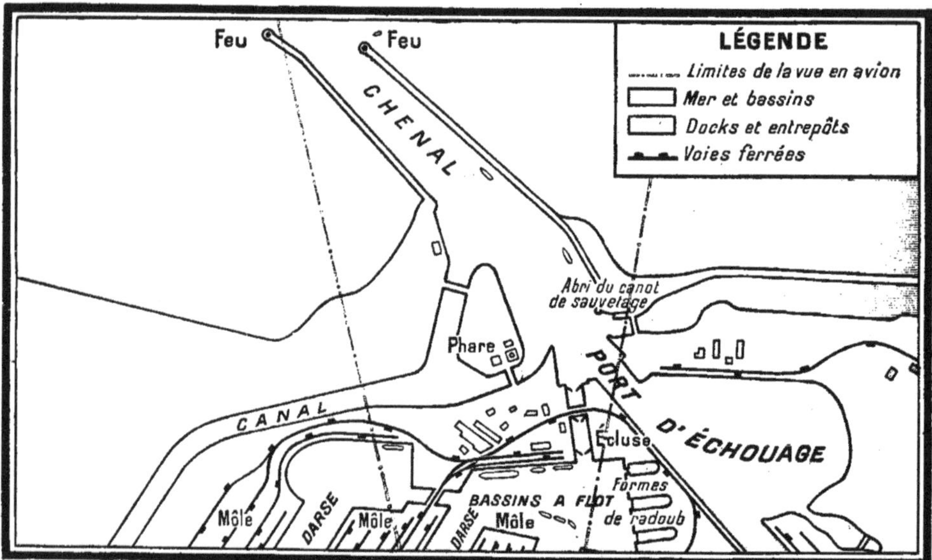



*Les ports qui servent de tête de ligne aux grandes lignes de navigation sont presque entièrement dus au travail des hommes; même dans les baies profondes et bien abritées, il est nécessaire de construire des quais, des bassins, des écluses, des voies ferrées et des docks. Ce plan du port de Dunkerque donne une idée de l'importance de semblables travaux.*

UNE FILATURE DE COTON A MONTBÉLIARD (DOUBS). VUE PRISE EN AVION

**EXERCICE.** — *Reconnaitre sur la carte de la page précédente, les détails visibles sur la photographie ci-dessus : usines, cheminée, voie ferrée, rivière. Quels sont les moyens de transport qui s'offrent ici pour expédier au loin les produits fabriqués ? Quels sont les avantages de cette situation ?*

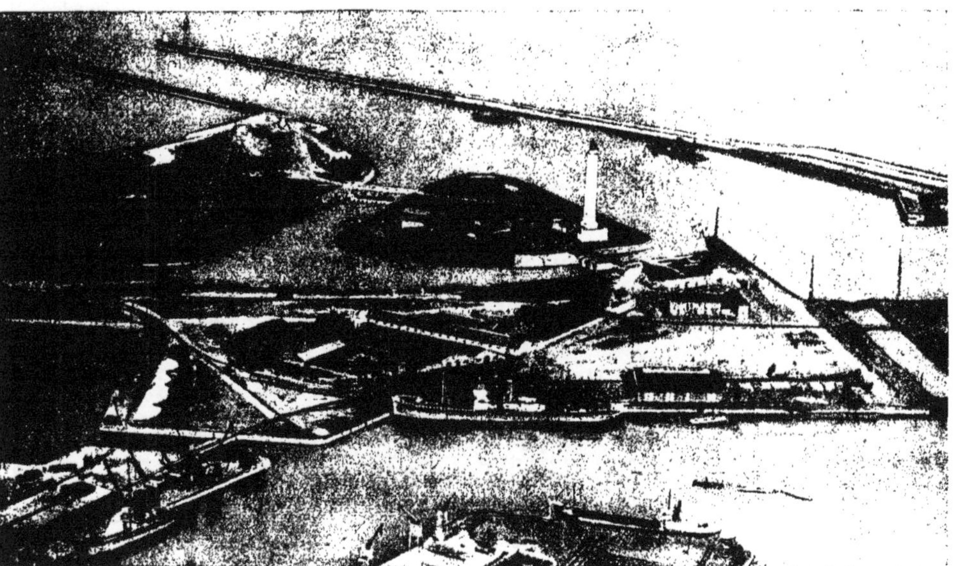

LE PORT DE DUNKERQUE. VUE PRISE EN AVION

**EXERCICE.** — *Reconnaitre sur la carte les détails visibles sur la photographie ci-dessus : jetées, phare, voies ferrées, pont mobile, écluse, docks, bassins. Imaginer et décrire la manœuvre qui a dû être faite pour que le navire visible au premier plan ait pu venir de la pleine mer s'amarrer au quai.*

# TABLE SYNOPTIQUE DES MATIÈRES

| PAGES | CARTES | GRAVURES | LECTURES | LEÇONS |
|---|---|---|---|---|
| 28-29 | | La place de l'Opéra. Le Louvre. La Tour Eiffel. La cathédrale Notre-Dame. Une vieille ville : Rome. Une cité moderne : San-Francisco. | L'approvisionnement d'une grande ville. Le métro. | Les villes. Paris. |
| 30-31 | Les divisions administratives de la France. | Une préfecture. La lecture du « Journal Officiel ». Le ministère des Affaires étrangères. La Chambre des Députés. Le Sénat. | Le Journal Officiel. Provinces et départements. | Les arrondissements. Le département. Le gouvernement. |
| 32-33 | Les principaux États de l'Europe. Les principaux États du monde. | La race blanche. La race jaune. La race noire. La race rouge. | | Les hommes en Europe. Les hommes dans le monde. |
| 34-35 | Revision de la Deuxième partie. — Vues prises en avion : 1º un petit village de France; un coin de Paris. — Plans correspondants. | | | |

## III. — LE TRAVAIL DES HOMMES

| PAGES | CARTES | GRAVURES | LECTURES | LEÇONS |
|---|---|---|---|---|
| 36-37 | L'agriculture en France. | Une charrue primitive. Un tracteur automobile. | Histoire des charrues. Une ferme moderne. | La vie d'un cultivateur. L'agriculture en France. |
| 38-39 | L'industrie en France. | Un pays de mines. La région du Creusot. | Le grisou. Une usine du Creusot. | Les mines. L'industrie en France. |
| 40-41 | Le commerce extérieur de la France. | Le marché d'une petite ville. Un poste de douaniers. | Une foire en Normandie. La douane. | Le commerce en France. Le commerce extérieur de la France. |
| 42-43 | Les voies de communication en France. | Une puissante locomotive. Les transports par eau. | Viaducs et tunnels. La vie des bateliers. | Les routes et les chemins de fer. Les rivières et les canaux. |
| 44-45 | La navigation et la pêche en France. | Un grand paquebot. Petits bateaux de pêche. | Un paquebot moderne. La pêche à la morue. | La navigation sur mer. La pêche en mer. |
| 46-47 | Les régions françaises. | L'agriculture. L'industrie. | Trois richesses de la France. | Les régions françaises. |
| 48-49 | Les colonies françaises. | Un quartier de Hanoï. Un village en Indochine. Les Hauts-Plateaux algériens. Une ferme en Tunisie. Les indigènes du Niger. | Un peu d'histoire. Le riz en Indochine. | Les colonies françaises. |
| 50-51 | Le travail en Europe. Le travail dans le monde. | La grande industrie en Belgique. L'élevage du mouton en Australie. | | L'Europe au travail. Le monde au travail. |
| 52-53 | Les moyens de communication à travers le monde. | L'embarquement de voyageurs sur un avion. La réception des ondes de téléphonie sans fil. | La légende et la réalité. La T. S. F. en mer. | L'aéroplane et les lignes aériennes. Un point au milieu du monde. |
| 54-55 | Revision de la Troisième partie. — Vues prises en avion : 1º un grand centre industriel; 2º le port de Dunkerque. — Plans correspondants. | | | |

IMPRIMERIE LAROUSSE. — 1 à 9, rue d'Arcueil, Montrouge (Seine).